Tommaso Boca

Indicativo e Imperativo della Vocazione alla Salvezza

Tommaso Boca

Indicativo e Imperativo della Vocazione alla Salvezza

La Storia e il Carisma della Famiglia Missionaria San Nicodemo

Edizioni Sant'Antonio

Imprint
Any brand names and product names mentioned in this book are subject to trademark, brand or patent protection and are trademarks or registered trademarks of their respective holders. The use of brand names, product names, common names, trade names, product descriptions etc. even without a particular marking in this work is in no way to be construed to mean that such names may be regarded as unrestricted in respect of trademark and brand protection legislation and could thus be used by anyone.

Cover image: www.ingimage.com

Publisher:
Edizioni Accademiche Italiane
is a trademark of
International Book Market Service Ltd., member of OmniScriptum Publishing Group
17 Meldrum Street, Beau Bassin 71504, Mauritius

Printed at: see last page
ISBN: 978-613-8-39116-6

Tommaso Boca

Indicativo e Imperativo
della
Vocazione alla Salvezza

***

La Storia e il Carisma della Famiglia Missionaria San Nicodemo

*** *** ***

In Copertina

Rappresentazione simbolica della salvezza.
Ex Ingimage.

Breve commento sull'immagine

Questa immagine rappresenta l'ingresso nella visione beatifica di Dio, che si consegue attraverso la vittoria sul mondo del male; per ottenerla, durante la vita terrena bisogna vivere nell'amore in ogni circostanza, il che comporta necessariamente il peso della croce, cioè della sofferenza: così è stato per la vittoria di Cristo, e così avviene pure per noi, se viviamo in lui e con lui.

Riflessione e testimonianza del sacerdote Tommaso Boca

sulla struttura e il contesto del cammino vocazionale, con la narrazione della storia della Famiglia Missionaria San Nicodemo e la descrizione del suo carisma.

PREMESSA METODOLOGICA

Al fine di veicolare al meglio il messaggio che si vuole trasmettere, attraverso una più facile e chiara comprensione del testo, nella stesura vengono utilizzate delle procedure e degli accorgimenti, che è opportuno conoscere prima di iniziare la lettura del libro. Gli argomenti trattati al riguardo, sono stati distribuiti in tre gruppi: suddivisione del libro; significato e valore delle parole; inserimento e risalita alla fonte di una citazione.

Nel primo gruppo, vengono date delle informazioni sulle suddivisioni del libro, e le modalità grafiche seguite per scrivere i titoli che le indicano. Nel secondo gruppo, vengono indicate le tecniche utilizzate per l'inserimento di una citazione, le quali hanno lo scopo di consentire la risalita alla fonte della citazione stessa. Nel terzo e ultimo gruppo, viene spiegato il significato con il quale alcune parole, semplici o composte, vengono usate all'interno del libro; viene spiegato, inoltre, il significato di alcune parole che vengono usate con l'iniziale maiuscola, a guisa di termini sintetici: si è fatto ricorso a questo accorgimento, al fine di evitare la ripetizione delle lunghe espressioni letterarie, talvolta necessarie per specificare un concetto.

a) ***Suddivisione del libro***

Il messaggio del libro viene trasmesso attraverso delle parole: un loro insieme costituisce un periodo, e un periodo o un insieme di periodi costituisce un comma. Il comma è facilmente individuabile perché, sia che venga scritto con il rientro sia che venga scritto al vivo, inizia in una riga diversa da quella del testo che lo precede, cioè daccapo. Un comma prende il nome di paragrafo, quando è distanziato sia dal testo che precede sia da quello che segue; e un paragrafo può essere costituito anche da più commi. Un paragrafo, a sua volta, prende il nome di articolo quando gli viene attribuito un titolo; e un articolo può comprendere anche più di un paragrafo.

Quando si costituisce un articolo, il suo titolo si scrive in nero corsivo al vivo, cioè al margine estremo della riga; dovendo, nella stessa frazione del libro, inserire più articoli, ogni articolo viene preceduto da una lettera minuscola dell'alfabeto seguita dalla parentesi tonda chiusa, in grassetto e in modo progressivo a partire dalla lettera "a".

Quando è necessario, in un capitolo si possono inserire delle sezioni, e in queste si possono inserire delle sottosezioni; i capitoli, le sezioni e le sottosezioni hanno un titolo e alla loro sinistra un numero o una serie di numeri di identificazione. I titoli dei capitoli si scrivono al centro del foglio, mentre i titoli delle sezioni e delle sottosezioni vengono scritti a sinistra del foglio, al vivo; quanto al carattere, i titoli dei capitoli si scrivono in nero maiuscolo, le sezioni in nero maiuscoletto e le sottosezioni in grassetto.

Le altre divisioni del libro corrispondenti al capitolo, quanto alla grafia e alla posizione del titolo, sono ad esso equiparate; tranne l'indice, lo sono anche rispetto alle serie dei numeri che individuano le loro sezioni e le sottosezioni, con la differenza che il primo numero della serie – mancante nel titolo della divisione che corrisponde al capitolo – viene sostituito da un trattino.

b) ***Significato e valore delle parole***

Alcune parole, semplici o composte, che vengono usate all'interno del libro, talvolta hanno un significato per lo più non conosciuto, oppure hanno la necessità di essere continuamente spiegate, trattandosi di parole che si prestano a diverse interpretazioni. Pertanto, al fine di evitare delle ripetizioni nella stesura del testo, tali parole vengono riportate in un apposito elenco – denominato "Vocabolario" – con a fianco indicato il loro significato; è questo significato che bisogna dare alle corrispondenti parole del libro, quando dal contesto non risulti chiaramente un significato diverso.

In modo simile, ci sono delle parole ricorrenti delle quali è necessario fare una specificazione, talvolta lunga; per evitarla si ricorre a parole che vengono fatte iniziare con la lettera maiuscola: esse assumono il valore di termini sintetici. Anche queste parole vengono riportate in un apposito elenco – denominato "Dizionario dei Termini sintetici" –, con a fianco indicato il significato che viene loro attribuito; è questo significato che bisogna attribuire alle corrispondenti parole del libro, quando dal contesto non risulti chiaramente un significato diverso.

c) *Inserimento e risalita alla fonte di una citazione*

La citazione può essere generica o testuale: nel caso di una citazione testuale, essa viene posta tra virgolette italiane; qualora venga citato un periodo tronco della parte iniziale o di quella centrale, la parte mancante viene indicata da tre punti di sospensione, all'interno di parentesi quadre.

La citazione è accompagnata dagli estremi del riferimento: tra parentesi tonde viene posta la sigla o l'abbreviazione della pubblicazione, e l'indicazione per risalire al punto preciso in cui la pubblicazione stessa presenta la citazione riferita; nel caso in cui la citazione sia generica, viene inserita la sigla "cfr." subito dopo la parentesi iniziale.

Per la spiegazione degli altri segni, lettere e parole, attraverso cui gli estremi di riferimento vengono rappresentati, si rimanda ad un apposito elenco, denominato "Lessico delle Citazioni"; in esso vengono indicati e spiegati, anche adoperando degli esempi, gli elementi che compongono la citazione – quando ricorrano in questo libro – , compresi quelli che abbiamo appena descritto.

Per risalire dagli estremi di riferimento alla fonte in cui si è attinta una citazione, è necessario conoscere nella sua interezza il titolo della pubblicazione citata e del suo autore; è necessario ancora conoscere la sede, nella quale la pubblicazione stessa è materialmente presente, per un'eventuale consultazione.

Per quanto riguarda la prima necessità, vengono forniti prima dell'indice due elenchi che sono denominati "Abbreviazioni dei Testi Ecclesiali" e "Sigle Bibliche"; per quanto riguarda la sede, si fa presente che i testi citati possono essere tutti consultati in via telematica.

Infatti, le fonti che vengono citate all'interno di questo libro sono la Bibbia, il Catechismo della Chiesa Cattolica, il Codice di Diritto Canonico, alcuni Documenti del Concilio Vaticano II e alcuni Atti del Magistero Ecclesiale: per la Bibbia si è fatto riferimento al Testo CEI 2008, del Sito Web della Conferenza Episcopale Italiana; per le altre pubblicazioni si è fatto riferimento ai testi riportati sul Sito Web della Santa Sede.

INTRODUZIONE

Ogni dono di Dio, ogni grazia ha un indicativo e un imperativo; il dono porta con sé, e in parte in sé, le indicazioni di ciò che bisogna fare – l'imperativo – non solo per poter usufruire dei vantaggi del dono, ma anche per farlo maturare fino alla sua pienezza. Quando parliamo del dono della salvezza, facciamo riferimento al dono più grande che Dio vuole elargire all'uomo, la cui esistenza è già un suo dono; si tratta del bene per antonomasia: quello di vivere nella felicità per sempre, nell'oggi e per l'eternità.

Ma per poter accogliere, conservare e far maturare questo dono lungo tutto il corso della nostra vita terrena, ci viene richiesto di collaborare liberamente e responsabilmente: bisogna seguire le indicazioni che egli ci dà, oltre alle indicazioni inscritte nel dono stesso. Così si legge nel libro del Deuteronomio: «Osserva e obbedisci a tutte queste cose che ti comando, perché sia sempre felice tu e i tuoi figli dopo di te, quando avrai fatto ciò che è bene e retto agli occhi del Signore, tuo Dio» (Dt 12,28); per avere la salvezza, per essere felici, bisogna conoscere e attuare l'indicazione del Signore.

La salvezza consiste innanzitutto nel vivere in comunione con Dio, durante il cammino terreno nella fede e dopo la morte corporale nella visione: «Il desiderio di Dio è inscritto nel cuore dell'uomo, perché l'uomo è stato creato da Dio e per Dio; e Dio non cessa di attirare a sé l'uomo e soltanto in Dio l'uomo troverà la verità e la felicità che cerca senza posa» (*CCC*, 27a). La salvezza, però, non consiste soltanto nella comunione con Dio, consiste anche nella bontà delle altre relazioni che sono insite in tale comunione: la relazione dell'uomo con sé stesso, con gli altri uomini e con il creato.

All'indicativo della salvezza corrisponde l'imperativo della collaborazione da parte dell'uomo: dice Sant'Agostino che quel Dio che ci ha creato senza il nostro permesso, non ci può salvare senza la nostra collaborazione. Questo imperativo, in realtà, è costituito da tanti imperativi intermedi – che scaturiscono da altrettanti doni – , attraverso i quali il Signore ci porta all'imperativo finale.

Al termine della nostra vita terrena il Signore ci offre il dono della salvezza beatifica, e nello stesso tempo ci chiede di rimanere nell'amore verso di lui e verso gli uomini, nonostante la sofferenza della morte corporale: come risposta, noi dobbiamo continuare a fare la volontà di Dio e affidare la nostra vita nelle sue mani.

Come ha fatto Gesù che, mentre sta per morire, chiede il perdono dei suoi crocifissori e consegna la sua vita al Padre (cfr. Lc 23,33-46). Un simile atteggiamento si riscontra in Santo Stefano: «E lapidavano Stefano, che pregava e diceva: "Signore Gesù, accogli il mio spirito". Poi piegò le ginocchia e gridò a gran voce: "Signore, non imputare loro questo peccato". Detto questo, morì» (At 7,59-60).

Questo libro descrive la struttura e il contesto storico del cammino vocazionale. Tale cammino ha inizio con la chiamata alla fede e alla conversione, e si sviluppa attraverso il riconoscimento e la realizzazione delle opere in cui si attua la salvezza. Dopo la descrizione di questo *iter*, viene brevemente delineata la situazione nella quale l'uomo vive e nella quale ha luogo la vocazione alla salvezza; questa illustrazione viene fatta secondo la lettura della Santa Chiesa, in cui si custodisce e si approfondisce la divina Rivelazione, la quale viene trasmessa *et* attraverso la Tradizione *et* attraverso la Sacra Scrittura.

Nella seconda parte del libro viene riportata, quale esemplare attuativo di tale struttura, una parte del cammino vocazionale che riguarda l'autore di questo libro, e coinvolge la storia e il carisma della Famiglia Missionaria San Nicodemo. Se tale cammino vocazionale costituisce un esempio di realizzazione pratica di quanto viene scritto nella prima parte del libro, questa, conseguentemente, ne rappresenta l'elaborazione teorica. E dunque risulta chiaro che la teoria e la pratica, se vengono messe a confronto, si aiutano a meglio comprendersi l'un l'altra; questo confronto è stato utile già nella stesura di questo libro, perché ha fatto emergere una più chiara conoscenza della natura del carisma.

È emerso, ad esempio, che il carisma di comunità è presente nel fondatore e nella persona che aderisce, ma che entrambi i loro carismi sono più ampi del carisma di comunità. È emerso ancora che il carisma di fondazione è diverso dal carisma di comunità: questo esprime il modo particolare con il quale i membri di una comunità sono chiamati a seguire Cristo, mentre il carisma di fondazione riguarda l'atto creativo di una comunità.

Anche se il carisma di fondazione non si identifica col carisma di comunità, quest'ultimo, ai fini del riconoscimento giuridico di una comunità religiosa, deve essere, però, necessariamente presente nel fondatore. Ne consegue che non si può parlare di carisma di fondazione riguardo ai frati che sono presenti in una comunità, nella circostanza della sua costituzione canonica, qualora nella stessa circostanza non assumano lo status di frati di aggregazione definitiva. D'altra parte, la partecipazione alla creazione della comunità di queste persone ha avuto un compito nel piano di Dio: un compito che, a guisa di fertile terreno, ha aiutato la comunità a germogliare; volendo trovare un termine per indicare tali persone e il loro carisma, si potrebbe parlare di geo-fondatori e di geo-fondazione.

Si potrebbe obiettare che il carisma di fondazione e il carisma di comunità, in realtà, non costituiscano due carismi ma un carisma solo: un carisma che nella fase di riconoscimento esprime l'indicativo e nella fase di attuazione esprime l'imperativo; in altre parole, si potrebbe obiettare che il carisma di fondazione non sia altro che l'imperativo del carisma di comunità, ma non è così. Infatti, il carisma di comunità può essere concesso a una persona come carisma di adesione, senza che la stessa abbia necessariamente quegli altri doni che sono necessari per la creazione di una comunità. Inoltre, come storicamente è accaduto, ci sono dei fondatori di comunità che hanno agito con un carisma di comunità non ricevuto in modo originario: essi lo hanno ricevuto a guisa di adesione a un carisma percepito antecedentemente da un'altra persona.

È dunque corretto affermare che il carisma di fondazione e il carisma di comunità sono due doni diversi. D'altra parte, può avvenire e avviene che una persona possa ricevere, allo stesso tempo, un carisma originario di comunità e un carisma di fondazione; in tal caso essi si manifestano come due doni complementari, strettamente interconnessi, al punto da rappresentare un unico indicativo: un carisma di comunità da vivere in una istituzione religiosa da fondare.

Ritornando ai contenuti del libro, esso si concluderà con un'Appendice in cui saranno riportati alcune precisazioni sulla vita della Comunità, da uno stralcio dello Statuto che si riferisce alla possibilità della nascita di un ramo femminile e uno secolare della Famiglia Missionaria San Nicodemo e dei conseguenti rapporti che si verrebbero a instaurare, e infine da uno scritto del Fondatore che si riferisce ad una riflessione da lui realizzata nel corso del suo ministero sacerdotale.

Con quest'Appendice si vuole dare un contributo a meglio comprendere il carisma e la spiritualità della Famiglia San Nicodemo; allo stesso tempo trattandosi appunto di approfondimenti di vita spirituale, essi costituiscono in ultima analisi un contributo per meglio conoscere alcuni risvolti della vita religiosa e della vita cristiana in generale. Essi dunque costituiscono un contributo per meglio conoscere alcuni elementi della via che conduce alla salvezza, contribuiscono a conoscere Gesù: Verità, Via e Vita.

1. LA STRUTTURA DEL CAMMINO VOCAZIONALE

Ogni cammino individuale di vocazione alla salvezza, presenta degli elementi costanti che risultano tra loro connessi, così da formare una struttura. Di seguito ne viene fatta la descrizione, attraverso il richiamo alla nascita e allo sviluppo della vocazione del profeta Isaia, che può ben essere assunta come paradigma della vocazione alla comunione con Dio del cristiano, dunque di ogni uomo, perché ogni uomo viene effettivamente chiamato a questa comunione.

Tale descrizione risulta divisa in quattro parti: nella prima parte si tratta della nascita della fede come risposta a Dio che si rivela, nella seconda e nella terza parte si parla della conversione, sentita come condizione per poter vivere alla presenza del Signore, e come base per conoscere e attuare la propria vocazione. Nell'ultima parte si tratta della missione, la quale non è altro che l'attuazione della propria vocazione; essa rappresenta la strada di maturazione dell'identità profonda e singolare di ogni persona, chiamata da Dio all'esistenza e a formarsi per l'eternità secondo la misura del dono ricevuto.

1.1 La Fede

Nell'omonimo libro della Bibbia il profeta Isaia descrive la sua vocazione, che ha inizio con la visione della gloria di Dio, cioè con la percezione della presenza di Dio nello scorrere della propria vita, nella propria storia (cfr. Is 6,1-8). Non si tratta di una presenza muta, ma di una manifestazione che interpella e richiede una risposta iniziale da parte dell'uomo: si tratta della auto-rivelazione di Dio al singolo uomo, finalizzata all'offerta della salvezza.

Si tratta dell'offerta della salvezza soggettiva che, per l'universalità della salvezza oggettiva, deve essere e viene offerta a tutti gli uomini e ad ogni uomo, almeno una volta nel corso della sua vita. La risposta positiva dell'uomo a questa rivelazione, che in un certo qual modo – per quanto abbiamo detto – viene imposta e dunque percepita, è la fede che opera attraverso la carità.

Per una migliore comprensione di questa affermazione, possiamo ricorrere alla parabola evangelica del seminatore, in cui si parla di un seme che cade sulla strada, di uno che cade vicino alle siepi, di un altro vicino alle pietre e un altro ancora sul terreno buono. Mentre degli ultimi si dice che tutti producono lo stelo, soltanto del primo si dice che non attecchisce e viene mangiato dagli uccelli del cielo.

Gesù stesso spiega che il seme della auto-rivelazione di Dio, della salvezza offerta, non attecchisce perché c'è un rifiuto da parte dell'uomo (cfr. Lc 8,4-15): Dio rispetta la libertà dell'uomo; egli non ci può salvare senza la nostra collaborazione. Dunque, la fede è accoglienza di Dio che parla, è decisione libera della volontà dell'uomo di vivere secondo quanto ascoltato, e perciò di amare Dio sopra ogni cosa e il prossimo come se stessi.

L'accoglienza della Parola, secondo questa modalità, è già fede operante nella carità; le opere semplicemente manifesteranno quello che c'è nel cuore dell'uomo: «Non vi è albero buono che produca un frutto cattivo, né vi è d'altronde albero cattivo che produca un frutto buono. Ogni albero infatti si riconosce dal suo frutto: non si raccolgono fichi dagli spini, né si vendemmia uva da un rovo. L'uomo buono dal buon tesoro del suo cuore trae fuori il bene; l'uomo cattivo dal suo cattivo tesoro trae fuori il male: la sua bocca infatti esprime ciò che dal cuore sovrabbonda» (Lc 6,43-45).

La fede, nei Vangeli, trova un simbolo esplicativo nella guarigione del cieco, un simbolo che, nel caso di Bartimèo, viene spiegato anche all'interno del Vangelo stesso: «"Va', la tua fede ti ha salvato". E subito vide di nuovo e lo seguiva lungo la strada» (Mc 10,52). Qui la strada seguita non è semplicemente e solamente la sede stradale, ma è anche Gesù, che è via, verità e vita: colui che è stato cieco, ora vede non solo fisicamente ma anche spiritualmente.

Per vedere spiritualmente, oltre che dallo Spirito Santo, il cristiano deve farsi guidare dall'accettazione dell'insieme della rivelazione, il *depositum fidei*, ciò che costituisce la dimensione confessionale della fede. Ma questa accettazione, perché diventi operante nella nostra vita, deve essere vivificata dalla fiducia che tutto ciò che viene rivelato da Dio, e approfondito nella Chiesa, trova compimento; questo atteggiamento esprime la dimensione fiduciale della fede.

1.2 La Conversione

Contestualmente all'accettazione dell'auto-rivelazione di Dio attraverso la fede, l'uomo scopre di essere un peccatore, si accorge di essere lontano dalla pienezza di vita di Dio, lontano dal vivere nella verità, nella giustizia e nell'amore, incapace di sostenere la presenza amorevole del Signore. L'uomo si accorge ancora di vivere in una realtà sociale immersa nel peccato, dove ci sono strutture di peccato oltre che i comportamenti peccaminosi delle singole persone.

È l'esperienza vissuta dal profeta Isaia, il quale così si esprime: «Ohimè! Io sono perduto, perché un uomo dalle labbra impure io sono e in mezzo a un popolo dalle labbra impure io abito; eppure i miei occhi hanno visto il re, il Signore degli eserciti» (Is 6,5c). È la stessa esperienza vissuta da San Pietro, il quale, dinanzi al riconoscimento della gloria di Dio nell'operare di Gesù, così esclama: «Signore, allontànati da me, perché sono un peccatore» (Lc 5,8c).

Dinanzi a questo riconoscimento di peccato e di debolezza, che implica una richiesta di aiuto, il Signore viene in soccorso dell'uomo e lo giustifica, lo giustifica riguardo al passato e lo rende capace di un giusto comportamento riguardo al futuro. È ciò che avviene per Isaia e per Pietro, è ciò che avviene per ogni credente nel sacramento del Battesimo.

Infatti, nel prosieguo dei brani biblici che abbiamo citato, possiamo leggere riguardo ad Isaia: «Allora uno dei serafini volò verso di me; teneva in mano un carbone ardente che aveva preso con le molle dall'altare. Egli mi toccò la bocca e mi disse: "Ecco, questo ha toccato le tue labbra, perciò è scomparsa la tua colpa e il tuo peccato è espiato"» (Is 6,6-7). La stessa cosa, implicitamente, avviene per l'apostolo Pietro nella circostanza della prima pesca miracolosa (cfr. Lc 5,4-11), quando Gesù gli dice: «Non temere; d'ora in poi sarai pescatore di uomini» (Lc 5,10c).

La fede implica la conversione. Ma questa non avviene tutta in una volta, essa invece, insieme alla maturazione umana e spirituale, ossia la santificazione, si estende per tutto l'arco della vita della persona ed è legata alla vocazione ad una specifica missione. Bisogna però precisare che, nel concreto, non si tratta di un solo momento vocativo ma di più vocazioni che si sovrappongono, per cui ogni vocazione si innesta su quella precedente e dunque si procede di missione in missione.

Il tutto è finalizzato a far procedere verso il raggiungimento della stessa santità di Dio, della sua stessa perfezione nella carità: «Voi, dunque, siate perfetti come è perfetto il Padre vostro celeste» (Mt 5,48). Anche se non raggiungiamo la perfezione, possiamo però avvicinarci sempre di più, secondo la misura della nostra collaborazione: «Quello seminato sul terreno buono è colui che ascolta la Parola e la comprende; questi dà frutto e produce il cento, il sessanta, il trenta per uno» (Mt 13,23).

Un esempio evangelico che può ben descrivere questa continua conversione e santificazione è l'episodio della guarigione del cieco di Betsaida in cui Gesù, preso «[...] il cieco per mano, lo condusse fuori dal villaggio e, dopo avergli messo della saliva sugli occhi, gli impose le mani e gli chiese: "Vedi qualcosa?". Quello, alzando gli occhi, diceva: "Vedo la gente, poiché vedo come degli alberi che camminano". Allora gli impose di nuovo le mani sugli occhi ed egli ci vide chiaramente, fu guarito e da lontano vedeva distintamente ogni cosa» (Mc 8,23c-25).

La conversione e la santificazione implicano l'attuazione sempre più profonda del comandamento dell'amore, di quell'amore che Gesù non solo ha insegnato ma ha anche testimoniato con la sua vita, e che passa per la ricerca della volontà di Dio e il donarsi nel sacrificio secondo la misura del dono ricevuto. Un amore che, per essere tale, deve tendere sempre più alla comunione con Dio e, in questa, alla comunione con i fratelli, una comunione che concretamente si vive nella Chiesa.

Dice papa Giovanni Paolo II, in una delle sue esortazioni apostoliche, che solo all'interno del mistero della Chiesa come mistero di comunione, si rivela l'identità degli uomini, la loro originale dignità: la comunione con Dio richiede la conversione e questa fa affiorare l'identità di uomini chiamati alla salvezza eterna. In tal modo si diventa capaci di ascoltare Dio che parla, capaci dunque di riconoscere la propria vocazione e trovare, nella comunione con lui, la forza e il coraggio per realizzare l'imperativo della missione (cfr. *Christifideles Laici*, 8c), così come è avvenuto per il profeta Isaia.

Siccome più sopra abbiamo parlato di Gesù come modello esemplare del nostro vivere, si ritiene opportuno mettere in evidenza che egli, nella sua umanità, non ha vissuto la dimensione della conversione, però è cresciuto nella carità: è cresciuto in sapienza e grazia davanti a Dio e davanti agli uomini (cfr. Lc 2,52), imparando sempre più ad amare attraverso le cose che ha patito (cfr. Eb 5,8) fino a diventare perfetto (cfr. Eb 2,10) come il Padre.

1.3 Il Riconoscimento della Vocazione

Dopo aver affermato che la vocazione e la missione degli uomini si possono definire soltanto a partire dalla loro comunione d'amore in Cristo, la stessa esortazione apostolica appena citata, aggiunge: «Non è esagerato dire che l'intera esistenza del fedele laico ha lo scopo di portarlo a conoscere la radicale novità cristiana che deriva dal Battesimo, sacramento della fede, perché possa viverne gli impegni secondo la vocazione ricevuta da Dio» (*Christifideles Laici*, 10a).

Dobbiamo precisare che questa vocazione conosce degli sviluppi, nel senso che, con il progredire della santificazione, sulla vocazione iniziale si vengono ad innestare ulteriori vocazioni. Al riguardo è esplicativo il passo evangelico in cui Gesù «[...] chiamò a sé i suoi discepoli e ne scelse dodici, ai quali diede anche il nome di apostoli: Simone, al quale diede anche il nome Pietro» (Lc 6,13c-14a).

Risulta evidente come Simone, già diventato discepolo di Gesù, viene ora chiamato ad essere anche apostolo e viene chiamato ad essere anche Pietro, cioè ad essere la pietra su cui Gesù intende edificare la sua Chiesa (cfr. Mt 16,18a), ossia ad essere il suo Vicario sulla Terra.

L'esistenza del cristiano è dunque un cammino di crescita nell'amore e nella comunione, a partire dall'amore verso Dio e dalla comunione con lui: si tratta di una maturazione progressiva che è legata alle azioni che Dio ci dona da compiere e per le quali abbiamo ricevuto e riceviamo i doni corrispondenti, che non sono soltanto le capacità che abbiamo, ma anche le circostanze storiche, cioè le circostanze ambientali e temporali nelle quali viviamo. Si tratta di azioni che sono collaborazione all'agire di Dio; l'agire virtuoso non è solo e primariamente nostro: è Dio infatti che suscita in noi il volere e l'operare secondo i suoi benevoli disegni (cfr. Fil 2,13).

Le capacità che abbiamo sono dei doni che – quando non vengano del tutto a mancare – conservano il loro splendore e la loro possibilità di crescere e di espandersi, solo quando si rimane nella comunione con Dio, e dunque si opera secondo la sua volontà. Noi siamo perciò collaboratori di un agire voluto, proposto e guidato da Dio, un agire che normalmente coinvolge altri uomini (cfr. Gv 4,35-38), e siamo chiamati a collaborare impegnando le capacità, che sono sì nostre ma che sono donate: è per questo motivo che Gesù parla di servi inutili (cfr. Lc 17,9-10).

La vocazione è dunque la chiamata a collaborare, secondo una determinata modalità, all'attività salvifica per ogni uomo: Dio – normalmente con la collaborazione di altri uomini – lo vuole far maturare per la vita eterna.

La risposta positiva è vincolante, vale a dire che è strettamente necessaria per la salvezza personale, infatti la nostra collaborazione riguardo alla salvezza altrui è soltanto di aiuto, ma è di assoluta necessità per la nostra: quel Dio che ci ha creati senza il nostro permesso non ci può salvare senza la nostra collaborazione.

Inoltre, tale risposta è libera ed è liberante. È libera perché un uomo è veramente libero quando può attuarsi secondo la verità del suo essere: il libero arbitrio non è sinonimo di vera libertà, invece è soltanto ciò che permette a questa di attuarsi.

È liberante perché la vocazione cristiana già sul nascere presuppone il distacco non solo da ciò che è male ma anche da ciò che potrebbe appesantire, ossia dagli affetti e dai beni materiali, fisici e spirituali posseduti, persino dalla propria vita, rinunziandovi in tutto o in parte per il bene superiore della persona (cfr. Mt 4,18-22; 19,12; Lc 14,25-27).

Abbiamo già detto che la vocazione personale – si parla di quella per una specifica missione – emerge quanto più conduciamo una vita in comunione con il Signore: essa libera l'uomo dalle incrostazioni che gli impediscono di vedersi e di voler essere quello che si è in germe. Nella percezione della vocazione, talvolta ci può essere un intervento esplicito del Signore, ma esso si configura soltanto come un aiuto per il percorso di comprensione di una vocazione che è già inscritta nel nostro essere: la volontà di Dio non è eteronoma.

C'è da dire inoltre che questa vocazione non è né chiara e né cogente, così come è la vocazione alla comunione con Dio, ma viene fatta in modo tale che possa essere compresa ed accolta: «Poi io udii la voce del Signore che diceva: "Chi manderò e chi andrà per noi?". E io risposi: "Eccomi, manda me!"» (Is 6,8). Bisogna però precisare che l'accoglienza di quest'ultima vocazione – così come di quelle eventuali successive –, come dice San Tommaso d'Aquino, comporta una salvezza più sicura e più profonda.

1.4 La Missione

La missione è una collaborazione all'opera di Dio, il quale si propone di portare ogni uomo alla comunione d'amore con lui, durante la vita terrena nella fede e nella visione dopo il superamento della prova terrena. Ogni inviato è innanzi tutto un amico del Signore: egli è chiamato ad una relazione di intimità fedele e costante con lui. E non potrebbe essere diversamente, considerato che il bene supremo dell'uomo è la sua comunione con Dio: «Ne costituì Dodici – che chiamò apostoli –, perché stessero con lui e per mandarli a predicare con il potere di scacciare i demòni» (Mc 3,14).

Ogni missione, dunque, richiede innanzi tutto la ricerca della comunione con il Signore Gesù; questa comunione è anche necessaria per la propria conversione e per la propria maturazione umana e cristiana. Dinanzi al sublime e perfetto modello della persona di Gesù, noi non possiamo che camminare nella via della conversione e della crescita nella carità per tutta la vita, noi restiamo dunque sempre suoi discepoli.

Per esser discepoli di Gesù e suoi inviati allo stesso tempo, è necessario un distacco da tutti i beni, perfino dalla propria stessa vita corporale. Questo distacco è necessario non solamente per l'accoglienza iniziale della vocazione alla salvezza, ma deve essere vissuto in tutto il prosieguo della propria esistenza; talvolta si può trattare di un distacco effettivo, altre volte di un distacco soltanto affettivo ma non per questo meno facile: c'è un rischio maggiore di essere sopraffatti dalla vicinanza dei beni, e manca l'assuefazione a vivere senza quei beni, che potrebbero essere tolti all'improvviso.

Ogni missione, almeno implicitamente, ha come scopo primario l'evangelizzazione, ma allo stesso tempo è indirizzata al bene integrale della persona alla quale si è inviati: «Strada facendo, predicate, dicendo che il regno dei cieli è vicino. Guarite gli infermi, risuscitate i morti, sanate i lebbrosi, scacciate i demòni» (Mt 10,7-8a). È da mettere in evidenza che l'approccio delle persone da evangelizzare può richiedere inizialmente azioni diverse dalla predicazione, ma queste sono all'interno dell'amore integrale della persona, che non può prescindere dalla salvezza dell'anima, obiettivo ultimo e principale.

Gli Apostoli svolgono la loro missione non da solitari, infatti Gesù «[...] chiamò a sé i Dodici e prese a mandarli a due a due» (Mc 6,7a). Deve essere chiaro, a chi predica come anche a chi ascolta, che i missionari sono degli inviati, sono dei messaggeri della parola salvifica di Dio e non di sé stessi; e che sono non soltanto messaggeri ma anche testimonianza vivente della salvezza annunziata, ossia della comunione d'amore con Dio e in Dio con gli uomini.

L'attività del missionario è gratuita, ma suppone il ricevimento di ciò che è necessario per vivere dignitosamente: «Non procuratevi oro né argento né denaro nelle vostre cinture, né sacca da viaggio, né due tuniche, né sandali, né bastone, perché chi lavora ha diritto al suo nutrimento» (Mt 10,9-10). Questo nutrimento proviene da Dio, anche se ordinariamente passa dalla mediazione dell'uomo: è sempre il Signore che assiste i suoi discepoli, non solo riguardo al cibo ma anche di fronte a tutti gli altri bisogni e pericoli, i quali potranno nuocere soltanto e nella misura che Dio permette.

Ogni credente ha una missione iniziale e poi delle missioni che si innestano in quelle precedenti, ogni credente già dall'inizio ha una missione sacerdotale, profetica e regale; quest'ultima richiede di combattere, per vincere in sé stesso il regno del peccato, nonché di servire – in santità e giustizia – Gesù stesso presente in tutti i suoi fratelli, soprattutto nei più piccoli.

La missione che il Signore affida a ciascuno è un compito particolare che viene assegnato per il bene di tutti, anche per il bene di chi attua quel compito particolare, anzi, soprattutto per il bene della persona che attua quel compito particolare. Ciò in quanto essa usufruisce non solo del benessere derivante da un agire virtuoso comune, ma usufruisce soprattutto della maturazione interiore, umana e spirituale, che viene prodotta dal suo agire virtuoso. La finalità ultima della missione, o meglio delle missioni, è la realizzazione della propria vita che trova il suo compimento al momento della morte, allorché la volontà rimane per sempre determinata, e pertanto non si ha più la possibilità di migliorare così come non si ha più la possibilità di regredire.

Tale realizzazione consiste nella capacità, da parte di ogni uomo, di attuare al meglio le potenzialità del proprio essere, per raggiungere il benessere al quale aspira e al quale è chiamato da Dio; la realizzazione stessa si attua attraverso l'unificazione armonizzata della propria persona, attraverso la partecipazione nell'amore alla comunione con Dio e con coloro che vivono in comunione con lui, attraverso la giusta relazione con il creato che deve essere custodito e coltivato per beneficiare dei suoi frutti. Vivere in tal modo porta al gusto della vita, alla pace e alla gioia, in una parola alla salvezza, una salvezza che diventerà piena ed irreversibile nella vita futura, nella quale Dio ci colmerà di gioia per l'eternità alla sua presenza.

2. IL CONTESTO STORICO DELLA VOCAZIONE ALLA SALVEZZA

In questo capitolo si vuole brevemente descrivere la realtà storica nella quale l'uomo vive, secondo la lettura teologica che ne viene fatta dalla Santa Chiesa, in cui si custodisce e si approfondisce la divina Rivelazione *et* attraverso la Tradizione *et* attraverso la Sacra Scrittura.

La Chiesa non è solo dispensatrice della verità, ma anche della grazia, che dà la capacità di comprendere cosa fare e la forza di compiere ciò che si è veduto, per camminare e progredire nella via della salvezza. Essa mira alla realizzazione delle relazioni intrapersonali e di quelle interpersonali, con Dio e con gli uomini, nonché della relazione con il creato, da custodire e trasformare secondo verità, per goderne e allo stesso tempo farne un segno efficace dell'amore verso Dio e verso gli uomini.

Al riguardo, c'è da mettere in rilievo che un'azione secondo la volontà di Dio, dunque secondo la *recta ratio*, incide positivamente e contemporaneamente su tutte le quattro relazioni appena indicate; in modo corrispondente, ogni azione che danneggi una sola relazione, allo stesso tempo danneggia tutte le altre relazioni dell'uomo.

La salvezza che Dio vuole realizzare, avviene in una realtà in cui l'uomo è toccato dal peccato originale; pertanto, la sua natura è sofferente come è sofferente il creato, ma sia l'uomo che il creato sono sani. Nella realtà in cui viviamo sono presenti anche gli angeli decaduti: essi possono fare il male solo quando il Signore vuole, e nella misura da lui permessa (cfr. Sap 1,14; Gb 1,1ss); solo con le stesse limitazioni, possono fare il male gli uomini che vivono nel peccato.

Il peccato originale rende l'uomo debole ma non peccatore, lo rende però incline al peccato in una maniera tale da compierlo sicuramente, se non intervenisse il sostegno della grazia; questa è il dono di Dio Padre, che è stato meritato dalla passione e morte del suo Figlio Gesù Cristo, e agisce per opera dello Spirito Santo (cfr. Rm 5,12ss). «La grazia dello Spirito Santo ha il potere di giustificarci, cioè di mondarci dai nostri peccati e di comunicarci la "giustizia di Dio per mezzo della fede in Gesù Cristo" (Rm 3,22) e mediante il Battesimo» (*CCC*, 1987a); è da rilevare che anche ai non battezzati, ai cosiddetti cristiani anonimi, lo Spirito Santo concede «[...] la possibilità di venire associati, nel modo che Dio conosce, al mistero pasquale» (*Gaudium et Spes*, 22c).

«"Tutti i fedeli di qualsiasi stato o grado sono chiamati alla pienezza della vita cristiana e alla perfezione della carità". Tutti sono chiamati alla santità: "Voi, dunque, siate perfetti come è perfetto il Padre vostro celeste"» (*CCC*, 2013a). E per farlo bisogna ricercare e fare la volontà di Dio, l'intera esistenza deve essere una continua attuazione degli impegni che conseguono alla vocazione ricevuta da Dio (cfr. *Christifideles Laici*, 10a).

«Il cammino della perfezione passa attraverso la croce. Non c'è santità senza rinuncia e senza combattimento spirituale. Il progresso spirituale comporta l'ascesi e la mortificazione, che gradatamente conducono a vivere nella pace e nella gioia delle beatitudini» (*CCC*, 2015a).

Abbiamo tracciato, secondo una lettura teologica, il contesto storico in cui si muove il possibile cammino di salvezza dell'uomo, possibile perché dipende dalla sua volontà accogliere il dono che Dio vuole concedere a tutti gli uomini. Per ampliare la conoscenza di tale contesto, qui di seguito vengono riportati alcuni temi teologici, che riprendono e approfondiscono alcuni concetti che sono stati utilizzati nel primo capitolo.

Con ciò, non si ha certamente la pretesa di essere esaustivi: la disamina che viene realizzata, si colloca all'interno dell'orizzonte di pensiero della Santa Chiesa, orizzonte che, mediante l'azione dello Spirito Santo, diviene sempre più chiaro e profondo; pertanto, la comprensione di quanto si espone, va fatta alla luce di quanto viene insegnato e sempre meglio conosciuto dalla Chiesa stessa.

2.1 L'Opera della Salvezza

Con la sua vita, morte e resurrezione, Gesù ha meritato la salvezza oggettiva di tutti gli uomini, di ogni luogo e di ogni tempo, ma per essere operante, essa deve essere accolta dal singolo uomo nella sua storia personale, in modo libero, consapevole e responsabile.

La salvezza, dunque, non comincia soltanto nella vita futura, ma germoglia e si sviluppa già nella nostra storia terrena, anche se non possiede ancora le caratteristiche della pienezza e della irreversibilità: c'è ancora la presenza del male e la salvezza potrebbe essere perduta.

La salvezza è un'aspirazione di ogni uomo e Gesù viene incontro a questa aspirazione: egli vuole donare la salvezza ai ricchi e ai poveri, ai dotti e agli illetterati; però, ogni uomo che voglia accogliere la salvezza, deve riconoscere di essere piccolo e deve fare l'esperienza della fatica e della sofferenza.

Sono piccoli coloro che sanno di non poter conoscere tutto, né di poter fare tutto, ma hanno capito ciò che è essenziale nella vita e questo può essere compreso anche quando si è poco intelligenti e poco colti.

I piccoli riescono a comprendere che solo i valori trascendentali, quali la verità e la giustizia, la libertà e l'amore, rendono veramente felice l'uomo; inoltre, quasi sempre, riescono a percepire anche la presenza di Dio nell'armonia della creazione.

Sono questi stessi uomini che, quando cercano di vivere i valori trascendentali che implicitamente o esplicitamente li legano alla comunione con Dio, diventano affaticati e oppressi: rifiutando ogni forma di peccato, si trovano continuamente nella situazione di lottare contro il male e contro gli uomini che sono asserviti al male. È la storia di tutti coloro che, da Abele fino ai giusti dei nostri giorni, hanno in Gesù di Nazareth la massima figura espressiva.

E Gesù ci insegna come dobbiamo e possiamo vivere la nostra condizione di uomini che amano la verità e la giustizia, uomini che come lui vogliono essere miti e umili di cuore: è necessario che noi viviamo in comunione con lui. Così Gesù ci dona la sua sapienza, una sapienza che sorpassa ogni conoscenza (cfr. Ef 3,16-19) e alla quale nessun uomo può resistere (cfr. Lc 21,15).

Egli ci dona pure la sua forza, che è superiore a quella di ogni altra creatura: quando infatti riconosciamo la nostra fragilità, anche noi, come San Paolo, possiamo rivestirci della potenza di Cristo (cfr. 2Cor 12,9-10). Ma soprattutto Gesù ci dona la gioia che deriva dalla comunione con lui, quella gioia piena, quella salvezza pienamente appagante che l'uomo sempre ricerca e mai può raggiungere se non in Dio (cfr. Gv 15,10-11).

La salvezza realizzata da Gesù, quando viene accolta, non solo ci riconcilia con Dio, ma anche con noi stessi, con i fratelli e con tutte le cose create. Essa passa sempre, direttamente o indirettamente, attraverso la Santa Chiesa, la quale ha ricevuto da Gesù stesso la missione di annunciare e offrire la salvezza a tutti gli uomini.

2.2 Volontà di Dio e Libertà dell'Uomo

La vita è un dono per rispondere ad una chiamata, quella di Dio. Egli ci chiama a raggiungere dei traguardi, o meglio, attraverso dei traguardi intermedi egli ci chiama ad un traguardo: quello dell'amicizia eterna con lui e con tutte le creature sante, nella pace, nella gioia e nella gloria del Paradiso.

La vita stessa è una chiamata; prima di essere creati siamo infatti nella mente di Dio, che ci pensa tutti intelligenti e liberi, ognuno poi con determinate qualità, ognuno da essere inserito nella storia. Attraverso la creazione, infatti, il Signore ci colloca in un certo luogo e in un certo momento, per realizzare attraverso la nostra libera corrispondenza la nostra salvezza e concorrere al suo disegno universale di salvezza. Più collaboriamo a questo suo programma, più amiamo secondo la sua volontà, più saremo conformi al progetto di bene che Dio ha in mente per ciascuno di noi.

C'è subito da dire che questa corrispondenza è libera: Dio che ci ha creati senza il nostro permesso, non ci può salvare se noi non collaboriamo. La salvezza, infatti, passa attraverso l'amore e non si può amare se non si è liberi. E siamo liberi nella misura in cui attuiamo la volontà di Dio. L'uomo è dotato di libero arbitrio e quindi può anche rifiutare di amare, rinchiudendosi nel suo egoismo e legandosi al suo modo di concepire il mondo, che sarà comunque sempre piccolo, perché già mancherebbe la presenza di Dio che si può raggiungere solo nell'amore.

Il libero arbitrio non è sinonimo di vera libertà, invece è soltanto ciò che permette a questa di attuarsi. Un uomo è veramente libero quando può attuarsi secondo la verità del suo essere, cioè quando può attuare il suo desiderio più profondo che è quello di amare e di farlo secondo le sue capacità, volgendosi verso quelle operazioni che, tra le possibili, di più lo attraggono. La volontà di Dio consiste proprio nel sostenere questa libertà dell'uomo, perché quello che Dio vuole è ciò che l'uomo veramente vuole, quando sia libero da ogni forma di condizionamento: la volontà di Dio è allo stesso tempo assolutamente vincolante (cfr. *Sollicitudo Rei Socialis*, 38a) e assolutamente liberante (cfr. *Veritatis Splendor*, 42a).

2.3 Collaborazione all'Opera di Dio

Ogni opera buona compiuta dall'uomo è sempre una operazione umana e divina, e in essa, nella misura in cui esiste la giusta disposizione dell'uomo, si realizza un proporzionale avvicinamento ad una vera manifestazione dello Spirito, e quindi al compimento dell'opera di Dio attraverso l'opera dell'uomo: così accade, a titolo di esempio, nella preghiera.

Nella preghiera, quando siamo in comunione con Gesù e come lui vogliamo fare la volontà del Padre, lo Spirito Santo «[...] intercede per i santi secondo i disegni di Dio» (Rm 8,27c), e dunque la preghiera effettuata corrisponde, in proporzione alla docilità dell'orante allo Spirito Santo, ad una manifestazione di Dio che parla attraverso l'uomo: ciò in modo simile a quanto avviene nella Sacra Scrittura, nella quale, come sappiamo, la persona ispirata, liberamente, dice tutto e soltanto quello che Dio vuole.

Pertanto, quando con la preghiera nello Spirito Santo domandiamo qualcosa al Signore, egli esaudisce la nostra richiesta perché essa si inserisce nel suo disegno universale di salvezza integrale per ogni uomo, la quale riguarda innanzi tutto la salvezza dell'anima. Rovesciando il modo di esprimerci, possiamo dire che attraverso la preghiera, come anche attraverso ogni altra azione compiuta nello Spirito Santo, noi ci inseriamo sempre più perfettamente nel disegno di Dio e diventiamo così suoi collaboratori, riguardo a tutto il bene che egli vuole realizzare a favore di tutti gli uomini e dunque anche di noi stessi.

L'agire virtuoso non è solo e primariamente nostro. Dice infatti San Paolo: «È Dio infatti che suscita in voi il volere e l'operare secondo il suo disegno d'amore» (Fil 2,13). E papa Giovanni Paolo II, parlando delle ragioni che spingono la Chiesa a preoccuparsi della problematica dello sviluppo, afferma che questa preoccupazione è un dovere del suo ministero pastorale ed è una partecipazione al piano di Dio (cfr. *Sollicitudo Rei Socialis*, 31).

2.4 Conversione e Santificazione

L'uomo è teneramente amato dal Signore il quale, rispettandone la libertà, nella grazia dello Spirito Santo, lo chiama alla conversione e a raggiungere la perfezione della santità, che ha ricevuto come dono: bisogna cercare di abbandonare ogni forma di male e di compiere tutto e soltanto quel bene che Dio si aspetta liberamente da noi.

Mediante la fede e il Battesimo si ha la prima e fondamentale conversione dell'uomo, cioè la giustificazione, che implica la santificazione di tutto l'essere e dunque un cammino di conversione continua per tutta la vita, che nella Chiesa viene conosciuta come seconda conversione (cfr. CCC, 1427-1428).

Infatti, il processo di santificazione non è mai totale, non solo rispetto a ciò che non si è ancora conosciuto o capito, ma anche rispetto all'osservanza o alla piena osservanza di ciò che abbiamo conosciuto o capito, e necessita di ininterrotte fasi successive che richiedono sempre il perdono e l'aiuto del Signore, oltre alla collaborazione da parte dell'uomo.

In questo processo di santificazione come conversione alla giustizia, s'intreccia la santificazione come crescita nella carità. Per crescere nella carità «[...] ogni fedele deve ascoltare volentieri la parola di Dio e con l'aiuto della sua grazia compiere con le opere la sua volontà, partecipare frequentemente ai sacramenti, soprattutto all'eucaristia, e alle azioni liturgiche; applicarsi costantemente alla preghiera, all'abnegazione di sé stesso, all'attivo servizio dei fratelli e all'esercizio di tutte le virtù» (cfr. *Lumen Gentium*, 42a).

La santità è vocazione e condizione di salvezza per ogni uomo, in ogni stato di vita, in ogni età, in ogni condizione sociale; e modello di ogni santità è la persona del Verbo fatto carne, crocifisso e risorto, sempre docile alla volontà amorevole e liberante del Padre. Ogni uomo, pertanto, è chiamato a configurarsi a Cristo e a rivestirsi dei suoi sentimenti, come San Paolo il quale, senza avere la pretesa di essere né giustificato né perfetto, pur essendo consapevole di non avere colpa alcuna (cfr. Fil 3,12; 1Cor 4,4), così afferma: «Sono stato crocifisso con Cristo, e non vivo più io, ma Cristo vive in me. E questa vita, che io vivo nel corpo, la vivo nella fede del Figlio di Dio, che mi ha amato e ha consegnato sé stesso per me» (Gal 2,19c-20).

È necessario precisare che Gesù non ha conosciuto la santificazione come conversione alla giustizia – egli non ha conosciuto peccato –, ma ha conosciuto la santificazione come crescita nella carità, arrivando alla sua perfezione: «Conveniva infatti che Dio – per il quale e mediante il quale esistono tutte le cose, lui che conduce molti figli alla gloria – rendesse perfetto per mezzo delle sofferenze il capo che guida alla salvezza» (Eb 2,10).

La santificazione, dunque, indica il cammino di maturazione dell'uomo in un duplice senso: nel senso di tendere alla pienezza della vita cristiana, compiendo la volontà di Dio; nel senso di tendere alla perfezione della carità, passando da fede a fede, come dice San Paolo nella lettera ai Romani (cfr. Rm 1,17). Ciò risulta chiaramente da un documento del Magistero Ecclesiale, in cui si dice che la santità consiste, appunto, nella pienezza della vita cristiana e nella perfezione della carità (cfr. *Lumen Gentium*, 40c).

Al riguardo è da escludere che si debba raggiungere la perfezione nella santità già ricevuta, affinché il Signore conceda il dono della sua crescita, ciò perché la persona che cammina nella giustizia di fatto commette dei peccati e poi perché tale giustizia rimane – sempre – passibile di decadimento.

Pertanto, è verosimile ritenere che il Signore conceda il dono di crescita nella santità quando, nella sua sapienza, ritiene sufficientemente stabile e consolidata la vita di giustizia nella santità già ricevuta; in tal modo viene a determinarsi, come abbiamo detto, un intreccio tra processo di santificazione come conversione alla giustizia e il processo di santificazione come crescita nella carità.

3. LA STORIA DELLA FAMIGLIA MISSIONARIA SAN NICODEMO

Tutta l'opera della salvezza è opera comune delle tre Persone divine, tuttavia, ognuna di esse compie l'operazione comune secondo la sua personale proprietà: «Uno infatti è Dio Padre, dal quale sono tutte le cose; uno il Signore Gesù Cristo, mediante il quale sono tutte le cose; uno è lo Spirito Santo, nel quale sono tutte le cose» (*CCC*, 258b).

È dunque attraverso Gesù Cristo che si sta svolgendo l'opera della salvezza, e conseguentemente risulta chiaro questo concetto: sono primariamente di Cristo le opere compiute dagli uomini che agiscono secondo la volontà di Dio, in quanto essi sono incorporati nel Figlio attraverso la Santa Chiesa, che è il suo corpo mistico. «E ciò vale non solamente per i cristiani, ma vale anche per tutti gli uomini di buona volontà, nel cui cuore lavora invisibilmente la grazia» (*Gaudium et Spes*, 22b).

Anche gli angeli, creati per mezzo di lui e in vista di lui, sono al servizio di Gesù: sono messaggeri del suo disegno di salvezza (cfr. *CCC*, 331). Bisogna ancora tenere presente che Dio, per realizzare il suo disegno di salvezza, utilizza il male a fin di bene (cfr. Rm 8,28) e che la libertà delle creature è limitata, nel senso che essa può realizzare il male solo se Dio vuole, quando Dio vuole e nella misura che Dio vuole: al di sopra della libertà delle creature sta la libertà sovrana di Dio.

Al riguardo, Gesù ci dice che neanche un capello del nostro capo può cadere per terra, se il Padre non lo vuole (cfr. Mt 10,29-30); e il Vangelo ci riferisce che molte volte Gesù non viene arrestato perché non era ancora giunta la sua ora (cfr. Gv 7,30), cosa che avviene soltanto quando giunge la sua ora (cfr. Gv 13,1). Quanto alla misura del male, si può fare riferimento all'episodio biblico in cui Giobbe viene consegnato nelle mani di Satana, ma con un vincolo: «Ecco, quanto possiede è in tuo potere, ma non stendere la mano su di lui» (Gb 1,12b).

Dunque, le azioni malvage sono controllate da Dio e sono permesse nella misura stabilita dalla sua sapienza. In questa stessa misura – comunque senza mai permettere che un uomo debba sopportare una prova superiore alle sue forze – Dio le utilizza per il bene di coloro che lo amano: tutto concorre al bene di coloro che amano Dio (cfr. Rm 8,28). Avviene così che il male prodotto dallo spazio di libertà concesso agli esseri spirituali, diventa nelle mani di Dio un mezzo per realizzare il suo disegno di salvezza; è lui il grande condottiero della storia.

Dio – che continua a creare il mondo e lo fa sussistere – conduce la storia e la conduce verso un compimento, al di là delle manchevolezze umane. Talvolta diventa veramente difficile comprendere come Dio abbia permesso e permette dei mali terrificanti, e ancor più comprendere come da essi possa derivare il bene; tuttavia, anche quando non comprendiamo, Dio rimane sempre l'Onnisciente e l'Onnipotente, rimane sempre il Tre Volte Santo e l'Amore Misericordioso.

Noi non possiamo comprendere tutto questo fino in fondo, e questo non perché non ci è dato di conoscere il Dio immanente, ma perché pur potendo conoscere di Dio con la ragione e soprattutto attraverso la Rivelazione, gli effetti del peccato originale e del nostro peccato lo rendono difficile: abbiamo bisogno della sua grazia per rimuovere le cause che rendono difficile la conoscenza, e riposare nella verità di Dio.

Per conoscere Dio e capire per quanto è possibile, dobbiamo innanzi tutto rispettare la voce della coscienza nel nostro agire, poi dobbiamo essere umilmente protesi verso la ricerca della verità, e vivere nella coerenza del nostro pensare e del nostro agire: spesso non lo facciamo perché rinunciamo alla fatica di realizzare ciò che porta alla vera pace, sostituendola e ricercandola – illusoriamente – nel soddisfacimento dei piaceri, il che porta a rimuovere il pensiero della vita eterna e anche il pensiero della morte.

Possiamo conoscere Dio anche attraverso la sua azione nella storia, anche nella nostra storia personale: con un poco di riflessione, ciascuno di noi – perché ciascuno di noi è seguito da Dio – deve ammettere di aver rilevato un aiuto, inaspettato quanto appropriato, in qualche circostanza difficile della vita; ognuno di noi ha potuto osservare, attraverso la cronaca e l'esperienza personale, che l'accadimento di un male ha evitato un male peggiore, oppure ha causato l'accadimento di un bene.

Dunque, Dio Padre conduce la storia: per opera dello Spirito Santo, egli si prefigge di realizzare sempre più in ogni uomo l'immagine di Cristo, e continuatamente suscita nell'uomo il desiderio di operare secondo la sua volontà; nello stesso tempo lo riempie di grazie che lo rendono adatto e pronto ad assumere un incarico o un ufficio (cfr. *Lumen Gentium*, 12b). Dio prepara il singolo uomo e contemporaneamente altri uomini, li prepara in funzione di una sua opera, che deve avvenire in un determinato tempo e in un determinato luogo, poi manifesta questo suo progetto alle persone interessate, che sono chiamate a collaborare liberamente con lui.

Le opere progettate sono tante e concorreranno, fino alla fine dei tempi, alla realizzazione del luogo, cioè dei cieli nuovi e della terra nuova (cfr. 2Pt 3,13) previsti dal disegno universale della salvezza, dove saranno anche presenti i frutti del lavoro dell'uomo. Allo stesso tempo, però, le opere progettate per un determinato tempo e per un determinato luogo, concorrono a formare il contesto storico nel quale ogni uomo è chiamato alla vita e alla salvezza.

In questo capitolo parleremo dell'opera riguardante la costituzione canonica della Famiglia Missionaria San Nicodemo - Associazione Clericale, nonché degli eventi che l'hanno preparata: da quanto abbiamo detto, si evince chiaramente che tali eventi sono stati tanti, e molti sfuggono alla possibilità di essere rilevati; perciò gli eventi che verranno descritti, rappresentano solo una piccola parte di quelli accaduti.

Nello specifico, nella prima parte del capitolo verranno descritti gli eventi che hanno riguardato il sacerdote Tommaso Boca, soprattutto quelli che hanno preceduto il suo arrivo a Mammola, dove è stata percepita la vocazione di fondare la Famiglia

Missionaria San Nicodemo: si tratta di alcuni eventi salienti, considerato che tutta la vita del Fondatore è stata una preparazione a quella percezione vocazionale, così come avviene per ogni persona riguardo alle diverse vocazioni della sua vita.

La seconda parte del capitolo, riguarda gli eventi avvenuti fino all'apertura della casa della Comunità a Mammola, mentre alla fine del capitolo, vengono descritti gli eventi che hanno immediatamente preceduto la costituzione canonica della Famiglia Missionaria San Nicodemo - Associazione Clericale, avvenuta a Tshikapa il 16 settembre 2013.

3.1 Gli Eventi preparatori

Come abbiamo detto, è Dio Padre che conduce la storia e continuatamente suscita nell'uomo il desiderio di operare secondo la sua volontà; allo stesso tempo lo arricchisce di doni che lo rendono capace di partecipare alla sua opera: così ha fatto con il sacerdote Tommaso Boca, attraverso i doni e le esperienze che lo hanno riguardato fino al momento del suo arrivo a Mammola come parroco.

In effetti, come si può rilevare dal seguito di questo capitolo, l'esperienza vissuta come novizio in una comunità religiosa missionaria, le conoscenze acquisite attraverso gli studi teologici, l'esperienza pastorale maturata come sacerdote, hanno certamente contribuito alla Fondazione.

Ma ci sono stati anche avvenimenti più specifici e nello stesso tempo più spirituali; in particolare le circostanze in cui il Fondatore aveva pensato di creare una comunità religiosa femminile o di entrare lui stesso in una comunità religiosa: circostanze che, a ragione, possono essere ritenute come la base, in cui si è innestata la percezione del carisma di Fondazione, avvenuta a Mammola.

3.1.1 Gli Eventi salienti della vita del Fondatore

Il sacerdote Tommaso Boca è nato il 3 maggio 1946, giorno della Santa Croce, a Vena di Maida, un paese di origini albanesi che si trova in provincia di Catanzaro (Italia). È una vocazione adulta, ex dipendente delle Ferrovie Calabro Lucane prima come Capo Stazione e poi come Impiegato; è stato ordinato Sacerdote il 26 settembre 1987 da S.E. Mons. Benigno Luigi Papa, Vescovo della Diocesi di Oppido Mamertina - Palmi.

In questa Diocesi ha insegnato Religione nella Scuola Media Superiore e in quella Inferiore, a partire dal settembre 1985 – dunque ancor prima di essere ordinato sacerdote – e fino al suo trasferimento in *fidei donum* nella Diocesi di Locri - Gerace, dove ha continuato ad insegnare Religione per altri due anni, prima di lasciare l'insegnamento a partire dal settembre 1998.

Nella Diocesi di Oppido Mamertina - Palmi, dallo stesso Vescovo Mons. Papa ha ricevuto prima i ministeri del Lettorato e dell'Accolitato, l'ordinazione Diaconale in data 27 dicembre 1986 e, come già è stato detto sopra, quella Sacerdotale in data 26 settembre 1987.

Prima dell'ordinazione Sacerdotale, nell'anno 1986-87 ha svolto il ministero di Vice Rettore nel Seminario Vescovile Diocesano di Oppido Mamertina - Palmi e, dopo l'ordinazione Sacerdotale, a partire dall'ottobre 1987 è stato nominato Vicario Parrocchiale della Parrocchia Maria Santissima Addolorata in Rosarno.

Ha svolto tale ufficio fino all'ottobre 1989, data in cui è stato nominato Parroco della Parrocchia Santi Nicola e Biagio in Feroleto della Chiesa, dove ha svolto il ministero di Parroco fino all'ottobre del 1996, data in cui è avvenuto il trasferimento in *fidei donum* nella Diocesi di Locri - Gerace.

In tale periodo, in accordo con il Vescovo – che successivamente lo nominò ufficialmente Assistente ecclesiastico diocesano – e con l'allora Responsabile Regionale del RnS, sacerdote Bacilieri Bartolomeo, lavorò molto per il consolidamento e la diffusione nella Diocesi del Rinnovamento nello Spirito, del quale faceva parte fin dal 1977.

Inoltre, all'interno dello stesso periodo, svolse l'incarico di Revisore presso l'Istituto Diocesano per il Sostentamento del Clero e fece parte del Centro Diocesano per le Vocazioni.

3.1.2 Il Cammino verso l'Ordinazione Presbiterale

Il cammino verso il sacerdozio è stato laborioso e complesso: ha iniziato nel 1978 presso i Missionari Saveriani, con i quali ha vissuto un periodo di probandato a Desio e un anno di noviziato ad Ancona, non approdato nella professione dei voti. È quindi stato, per due anni, seminarista presso il Seminario "San Pio X" di Catanzaro e successivamente ha studiato presso l'Università Gregoriana di Roma, dove nell'aprile dell'anno 1985 ha conseguito il baccalaureato in Teologia.

Dal settembre 1985 fu accolto nella Diocesi di Oppido Mamertina - Palmi, precisamente nella Parrocchia Maria SS. Addolorata di Rosarno, dove era parroco il sacerdote Carmelo Ascone. Qui svolse il servizio di Collaboratore parrocchiale, cominciando ad insegnare Religione presso il locale Istituto Professionale di Stato per l'Agricoltura, ed iniziò così quel cammino che, come sopra è stato detto, lo ha portato gradualmente all'ordinazione Sacerdotale.

Negli anni dopo l'ordinazione, spesso, ha pensato di andare in missione all'estero, di prendere i voti religiosi e di dare impulso alla comunità religiosa della quale avrebbe fatto parte; ha pure pensato, parlandone, a un rifiorire delle vocazioni religiose femminili, in particolare di quelle calabresi, e nel proprio cuore desiderava contribuire a questo rifiorire, attraverso la fondazione di una comunità di religiose.

Sempre alto è stato il suo impegno di sensibilizzazione vocazionale, anche prima di essere ordinato sacerdote; infatti, quando stava per andare a Mammola, col Vescovo di Oppido Mamertina - Palmi conveniva che dopo tre anni sarebbe rientrato in Diocesi, per conseguire la licenza in Teologia Morale – andando a studiare a Roma – e dirigere il Centro Diocesano per le Vocazioni.

3.2 Le Origini

Essendo parroco a Mammola, nell'anno 1997 il sacerdote Tommaso Boca svolgeva delle riunioni settimanali di ricerca vocazionale, e, nel corso di tali riunioni, una giovane manifestava il desiderio di volersi ritirare in preghiera sul monte Kellerana, dove mille anni prima era vissuto San Nicodemo Abate.

Al riguardo, tra il nominato sacerdote e la stessa giovane, si sviluppava un continuo dialogo di approfondimento, che prima faceva intravedere la possibilità di fondare una comunità religiosa femminile e, successivamente, di allargare questa comunità anche ad un ramo religioso maschile e ad un ramo di secolari.

3.2.1 La Percezione del Carisma di comunità

In questo dialogo, che veniva accompagnato dalla preghiera, emergeva la consapevolezza che, sull'esempio di San Nicodemo, si sarebbe dovuto fare penitenza e si sarebbe dovuto pregare, innanzi tutto secondo la volontà di Dio e per la conversione dei peccatori.

Pian piano emergeva anche il nome di Famiglia Missionaria San Nicodemo da dare alla nascente Comunità: Famiglia, per indicare la caratteristica delle relazioni tra i componenti della Comunità; Missionaria, per indicare l'intenzione della Comunità di annunciare il Vangelo anche tra i pagani del nostro tempo; San Nicodemo, perché l'ispirazione della nascita della Comunità era partita dalla considerazione della sua vita sul monte Kellerana, che si trova nel territorio di Mammola.

Inoltre, appariva sempre più chiaramente la natura e la finalità dell'istituzione nascente nonché il suo carisma, che trovava in San Giovanni Battista la principale figura di espressione. Ciò emergeva dalla considerazione della spiritualità e delle aspirazioni di apostolato del sacerdote Tommaso Boca, ma pure dalla considerazione dei punti di contatto tra la vita di San Giovanni Battista e quella di San Nicodemo:

entrambi sono stati dei profeti, il primo è voce di uno che ha gridato nel deserto della Giudea, il secondo è voce di uno che ha predicato sul monte Kellerana; entrambi si sono impegnati nella preghiera e hanno praticato la penitenza, come risulta anche dal modo di vestire e di mangiare.

San Giovanni Battista è dunque il principale modello di riferimento per la Famiglia San Nicodemo: come San Giovanni Battista, essa vuole annunciare e testimoniare non solo l'amore misericordioso di Dio ma anche la sua santità, indicando Gesù presente in mezzo agli uomini e richiamando alla conversione; come San Giovanni Battista vuole impegnarsi nella preghiera e praticare la penitenza, tramite di grazia e contributo per realizzare il dominio dei propri istinti e la libertà del cuore (cfr. *CCC*, 2043); in modo simile a San Giovanni Battista, la Famiglia San Nicodemo, considerata nella sua totalità, vuole promuovere, preparare e amministrare il sacramento della Confessione per il perdono dei peccati.

Per esprimere il riferimento a San Giovanni Battista come principale modello della sua identità spirituale e del suo apostolato, fin dagli inizi la Famiglia San Nicodemo ha fatto propria in modo speciale la preghiera del *Benedictus*, che ha poi ispirato il distintivo della Famiglia stessa, nel quale viene appunto raffigurato in modo stilizzato un sole che sorge, simbolo del Figlio che è venuto sulla terra per salvarci.

3.2.2 Gli Inizi della Vita comunitaria

Nell'anno 1997 iniziava, dunque, la progressiva percezione di dover fondare la Famiglia Missionaria San Nicodemo, comprendente un ramo religioso maschile, uno religioso femminile e uno di secolari. Successivamente veniva deciso di iniziare con la Comunità maschile e all'uopo, in data 21 settembre 1998, veniva richiesto ad un Superiore Francescano, esperto nel campo canonico, un aiuto sulla stesura dello statuto riguardante la Comunità religiosa maschile che si voleva fondare.

Intanto avevano avuto inizio degli incontri settimanali ed accanto ad essi degli incontri mensili, ai quali partecipavano dei giovani – uomini e donne –, provenienti da diverse località della provincia reggina. In questi incontri si pregava, e inoltre si comunicavano, si discutevano e si approfondivano le caratteristiche della Comunità da fondarsi; veniva pure data una prima conoscenza della vita religiosa: per questo motivo, in diverse occasioni, oltre al sacerdote Tommaso Boca, a tali incontri c'era la presenza di una e, talvolta, anche due consacrate.

Un po' più tardi, il sacerdote Tommaso Boca, con il permesso del Vescovo Diocesano, S.E. Mons. Giancarlo Maria Bregantini, iniziava degli incontri specifici per le persone che manifestavano di voler aderire alla Comunità maschile della Famiglia: mensilmente, in strutture della Chiesa diocesana, venivano realizzati dei ritiri di formazione che includevano anche il pernottamento.

Avveniva, così, che il sacerdote Tommaso Boca, in data 22 dicembre 2001, memoria di Santa Francesca Saverio Cabrini, apriva a Mammola una casa della Comunità, dedicata alla Santissima Trinità, per avviare un'esperienza di vita comunitaria di aspiranti al ramo religioso maschile della Famiglia San Nicodemo. Oltre al sacerdote Tommaso Boca, che comunque avrebbe continuato a pernottare nella canonica della parrocchia, all'iniziativa avevano aderito altre tre persone, ma soltanto una prese dimora nella casa in modo stabile, un'altra vi stette solo qualche giorno e la terza vi andò solo successivamente, ma in modo saltuario.

3.3 La Costituzione della Comunità

Nell'anno 2005, erano tre le persone che gravitavano sulla casa della Comunità di Mammola, ma la casa stessa risultava piccola e angusta, tale da non poter assicurare il pernottamento ordinato e contemporaneo di tre persone.

In tale situazione, un sacerdote della Diocesi di Lamezia Terme, Mons. Eugenio Zaffina, propose al sacerdote Tommaso Boca di rientrare nella sua Diocesi natia – Vena di Maida ricade nel territorio della Diocesi di Lamezia Terme –, dove avrebbe potuto continuare anche e meglio l'esperienza della Comunità religiosa iniziata a Mammola, perché avrebbe potuto avere una casa adatta per poterla ospitare.

3.3.1 Il Trasferimento a Nocera Terinese

Così nell'ottobre dell'anno 2005, insieme alla piccola Comunità religiosa in formazione, in accordo col Vescovo di Lamezia Terme, S.E. Mons. Luigi Antonio Cantafora, dalla Diocesi di Locri - Gerace (Reggio Calabria), dove era Parroco della Parrocchia San Nicola di Bari in Mammola, il sacerdote Tommaso Boca si trasferì nella Diocesi di Lamezia Terme (Catanzaro), con l'incarico di Amministratore Parrocchiale delle Parrocchie Maria SS. Annunziata e San Giovanni Battista in Nocera Terinese, andando ad abitare nella casa canonica parrocchiale che si componeva di due piani e otto vani.

Mentre si trovava a Nocera Terinese, il sacerdote Tommaso Boca aveva modo di incontrare una suora africana, Suor Marie Tshilomba Lukadi, che stava fondando in Africa una comunità religiosa; la Suora portò a sua conoscenza che molti giovani si rivolgevano a lei per poter far parte di una comunità religiosa maschile e gli propose di aprire una Casa di formazione della Famiglia Missionaria San Nicodemo in Africa.

3.3.2 L'Apertura di una Casa in Africa

Avvenne così, con l'aiuto di quella Suora, che nel corso dell'anno 2008, sorgesse in Africa, precisamente a Kamonia, nella Diocesi di Luebo (RDC), secondo le indicazioni del progetto statutario della Famiglia San Nicodemo, una Comunità religiosa maschile in formazione, guidata dall'Abbé Donat Mulamba, Parroco a Kamonia, e assistita dalla citata Suor Marie Tshilomba Lukadi.

Nei primi giorni del mese di febbraio 2009, il sacerdote Tommaso Boca si recava in Repubblica Democratica del Congo, a fare una visita a quella Comunità e oltre la gioia di incontrarla sul posto a Kamonia, aveva modo di incontrare a Kinshasa il Vescovo di Luebo, S.E. Mons. Pierre-Célestin Tshitoko Mamba.

In tale incontro, caratterizzato dalla constatazione reciproca della fede nel Signore e del disinteresse nel possesso dei beni materiali, il Vescovo con una lettera scritta mise a disposizione della Famiglia San Nicodemo, nella città di Tshikapa, un vasto appezzamento di terreno di proprietà della Diocesi di Luebo.

Con l'aiuto di Dio, che si è manifestato particolarmente e soprattutto attraverso l'intervento generoso e imprevisto di un benefattore, col tempo è stato possibile costruire in tale appezzamento una casa, che è stata ultimata nel febbraio del 2011.

Intanto nel giugno del 2009, la comunità della Famiglia San Nicodemo, come da accordi presi con il Vescovo Mons. Tshitoko, si era trasferita da Kamonia a Tshikapa, andando ad abitare in una casa in affitto, anche per seguire da vicino i lavori di costruzione della casa della Comunità sul predetto appezzamento di terreno.

Una volta terminati tali lavori si procedeva al trasloco, e nella ricorrenza della Pasqua di Risurrezione dell'anno 2011, la comunità religiosa maschile in formazione della Famiglia Missionaria San Nicodemo, composta da sette persone, si stabiliva a Tshikapa, in contrada Sami, in una casa di sua proprietà.

È da rilevare che a Tshikapa la Comunità in formazione, per un certo tempo, fu ancora guidata dal nominato Abbé Donat Mulamba e, per un periodo successivo, dalla nominata Suor Marie Tshilomba Lukadi, con la collaborazione di alcuni sacerdoti che svolgevano il loro ministero nella stessa città di Tshikapa.

3.3.3 Il Riconoscimento Canonico

Come già dall'inizio, ma in questo periodo più profondamente, si rifletteva e si operava per poter ottenere il riconoscimento canonico della Famiglia Missionaria San Nicodemo, come associazione in vista di diventare istituto religioso.

E così fu fatta la richiesta di tale riconoscimento al Vescovo di Lamezia Terme, il quale fece presente che, per poter procedere ad una valutazione e decisione, era necessario avere una relazione, da parte del Vescovo di Luebo, sulla vita e sulle attività della comunità maschile della Famiglia San Nicodemo in Sami di Tshikapa.

Conseguentemente, il sacerdote Tommaso Boca avanzò la relativa richiesta di relazione al Vescovo di Luebo.

L'intento era quello di regolarizzare ufficialmente la situazione intera della Famiglia San Nicodemo, sia nella parte che viveva in Italia sia nella parte che viveva nella Repubblica Democratica del Congo, stante che una volta ottenuto il riconoscimento canonico nella Diocesi di Lamezia Terme, secondo la normativa ecclesiale vigente l'Associazione poteva essere accettata anche in altre diocesi.

Intanto il Vescovo di Lamezia Terme faceva presente che, per poter procedere al riconoscimento canonico dell'Associazione della Famiglia San Nicodemo, era necessario che ci fossero, nella comunità nicodemìna che viveva a Nocera Terinese, almeno tre persone che dessero garanzia di attaccamento alla vita religiosa.

Purtroppo, nella Comunità di Nocera Terinese erano presenti soltanto il sacerdote Tommaso Boca e il Frate Vincenzo Versaci, in quanto la terza persona che pure era venuta da Mammola a Nocera Terinese per vivere l'esperienza della Famiglia San Nicodemo, aveva lasciato la Comunità. Così venne proposto, da parte del sacerdote Tommaso Boca, al Vescovo di Lamezia e al Vescovo di Luebo che il riconoscimento potesse avvenire nella Diocesi di Luebo.

La proposta fu accettata e, dopo che il Vescovo di Luebo ebbe valutato la richiesta all'interno del Collegio dei Consultori, il sacerdote Tommaso Boca ottenne dallo stesso Vescovo una lettera per raggiungere Tshikapa, e contestualmente ebbe da parte del Vescovo di Lamezia Terme l'autorizzazione a lasciare temporaneamente la parrocchia, e a trasferirsi in *fidei donum*, per un anno, nella Diocesi di Luebo.

Così, nel mese di settembre 2013, il sacerdote Tommaso Boca raggiunse Tshikapa, e il Signore volle che in quei giorni il Vescovo Mons. Tshitoko fosse in visita pastorale nei dintorni di Tshikapa, precisamente a Kamonia – sede iniziale della comunità della Famiglia San Nicodemo in Africa –, e avesse in programma di venire anche a Tshikapa.

Raggiunto telefonicamente, il Vescovo accettava e concordava di procedere alla celebrazione della costituzione canonica della Famiglia San Nicodemo; e così il giorno 16 settembre 2013 raggiungeva la casa della Famiglia San Nicodemo a Sami di Tshikapa, accompagnato tra l'altro dal Cancelliere Vescovile nonché dal Vice Parroco, dal Pastore e da un Membro del Consiglio Pastorale della Parrocchia di Kamonia, conosciuti dal sacerdote Tommaso Boca nella circostanza della sua visita a Kamonia nel febbraio del 2009.

Nel pomeriggio dello stesso giorno 16 settembre 2013, a Sami di Tshikapa, durante la celebrazione della Santa Messa nella casa della Comunità, S.E. Mons. Pierre-Célestin Tshitoko Mamba, Vescovo di Luebo costituiva la Famiglia Missionaria San Nicodemo - Associazione Clericale come associazione pubblica di fedeli, in vista di essere eretta in istituto religioso di diritto diocesano.

Contestualmente, davanti allo stesso Vescovo e a una numerosa presenza di fedeli, il fondatore della Comunità, il sacerdote Tommaso Boca, faceva la professione definitiva di seguire Cristo nella pratica dei consigli evangelici di povertà, castità e obbedienza, e inoltre si impegnava a curare l'amore filiale verso la Madonna.

Dopo di lui, uno dei componenti della prima ora della Comunità, il Frate Clément Tshiela, faceva pure lui la professione, questa volta di voti temporanei di primo anno, divenendo così membro effettivo dell'Associazione. Ancora di seguito, tre probandi della Comunità celebravano il Rito di ammissione al Noviziato, tra questi i probandi Justin Munjenje ed Emery Mapesa.

A questa solenne e gioiosa celebrazione era assente, per motivi familiari, un secondo componente della prima ora della Comunità, il Frate David Tshitenge, sicché su relativa richiesta, il Vescovo di Luebo autorizzava che il Frate stesso facesse la professione, di voti temporanei di primo anno, alla presenza di un suo Delegato, l'Abbé Henri Benda Bamanya. La celebrazione della professione avveniva domenica 22 settembre 2013, durante la celebrazione della Santa Messa sul piazzale della costruenda Chiesa Parrocchiale di Sant'Agostino, che si trova a meno di un chilometro di distanza dalla casa della comunità nicodemìna in Sami di Tshikapa.

Con il beneplacito del Vescovo di Lamezia Terme, S.E. Mons. Luigi Antonio Cantafora, anche il Frate Vincenzo Versaci, in data 25 settembre 2014, emetteva la sua professione religiosa come appartenente alla Famiglia Missionaria San Nicodemo. Questa professione avveniva alla presenza del Vescovo della Diocesi di Luebo, S.E. Mons. Pierre-Célestin Tshitoko Mamba, venuto in Italia per incombenze del suo ministero: la celebrazione si è svolta nella cappella delle Suore di San Michele, nel comune di Serrastretta, della Diocesi di Lamezia Terme.

4. IL CARISMA NICODEMÌNO

Il carisma di una famiglia religiosa è il modo particolare con il quale i suoi membri sono chiamati a seguire Cristo: il carisma può essere costituito da uno o più elementi; tale carisma è presente innanzi tutto nel fondatore della famiglia religiosa, ma nel suo nucleo di base è presente anche, come carisma di adesione, nei suoi membri di aggregazione definitiva.

Il carisma, più precisamente, consiste nella modalità in cui ci si relaziona con Gesù, e in Gesù con lo Spirito Santo e con Dio Padre, e nelle modalità con le quali si segue Gesù nelle sue relazioni con gli uomini, oltre che con il creato e con sé stesso. Giacché tutti i cristiani seguono Cristo, i carismi hanno molti elementi comuni, ma il modo nel quale questi elementi vengono evidenziati o aggregati con elementi non comuni, dà a ogni famiglia religiosa la sua impronta particolare.

Il carisma è il dono non trasmissibile fatto da Dio ad un individuo, o ad un gruppo, al fine di fondare o di aderire a una famiglia religiosa riconosciuta dalla Santa Chiesa, segno e strumento dell'opera della salvezza: dunque, il carisma è un dono che proviene da Dio e viene dato alla Chiesa, a beneficio di una comunità religiosa e, allo stesso tempo, a beneficio del mondo.

Il carisma trova una sua prima focalizzazione al momento del riconoscimento canonico della famiglia religiosa da parte della Chiesa; può svilupparsi fino a quando è in vita il Fondatore, ma anche dopo. Il carisma di comunità è un dono che viene mantenuto in vita e curato dal Signore: è come una pianta di una determinata specie, che si irrobustisce, genera dei rami nuovi, ma viene pure potata: per portare frutto.

Il carisma è l'aspetto teologale del dono da cui deriva la risposta dell'uomo, cioè la spiritualità: questa riflette il carisma e dunque ne permette la lettura. Il carisma, infatti, può essere rappresentato come una immagine che si riflette in uno specchio; da ciò consegue che più il riflesso è completo e prolungato, più aiuta a capire e a conoscere l'immagine. È per questo motivo che, attraverso la sua corrispondente spiritualità, il carisma può essere sempre meglio conosciuto, in ampiezza e in profondità, e come conseguenza arricchirsi, sul piano conoscitivo, di qualche elemento prima non percepito.

Dunque, la spiritualità, pur non potendo esprimere tutta la ricchezza del carisma, che è una realtà viva alimentata dal Signore, tuttavia consente di rilevarlo e di definire la sua peculiarità in modo leggibile. Ciò favorisce il riconoscimento dell'aspetto particolare secondo il quale, i membri di una famiglia religiosa, sono chiamati a seguire Cristo e a relazionarsi con lui: favorisce il riconoscimento del carisma di comunità.

I contenuti dello Statuto, del Regolamento e delle Disposizioni, danno la possibilità di conoscere più che sufficientemente il carisma di comunità dell'Associazione Clericale della Famiglia Missionaria San Nicodemo; però, si fa notare che il senso e l'interpretazione dei contenuti stessi, possono essere resi ancora più chiari dalle lettere e dagli scritti del Fondatore oltre che dalla storia della Comunità.

Si fa ancora notare che il carisma presente nel fondatore è più ampio del carisma di comunità; come più ampio – e diverso da quello del fondatore – è il carisma di coloro che aderiscono. Ogni persona ha qualcosa di meno rispetto agli altri, ma anche qualcosa di più; ciò rappresenta la ricchezza e l'originalità di ogni persona, ma anche la ricchezza e l'originalità delle diverse case di comunità che compongono una famiglia religiosa.

Al fine di meglio individuare le caratteristiche peculiari del carisma nicodemìno, in questo capitolo verranno descritti i tratti salienti della sua spiritualità, che alla pari del carisma riguarda il modo di relazionarsi con Gesù, e in Gesù con lo Spirito Santo e con Dio Padre, e le modalità con le quali si vive la sequela di Gesù nelle relazioni personali della vita comunitaria e di apostolato. Prima, però, verrà narrata la percezione e la maturazione del carisma della Famiglia Missionaria San Nicodemo, quale si è realizzato nella persona del Fondatore.

4.1 Il Nucleo centrale

La descrizione più genuina e più sintetica del carisma della comunità nicodemìna, è quella che si trova nell'*incipit* del suo statuto e che è stata redatta già al tempo della percezione e della decisione di fondare la Comunità: c'è una piena corrispondenza, nella sostanza, tra la stesura attuale e quella iniziale di tale descrizione.

Si legge nello Statuto: La Famiglia Missionaria San Nicodemo - Associazione Clericale, è una forma stabile di vita con la quale dei fedeli cattolici, laici e chierici, ricercano la propria santificazione, secondo la misura del dono ricevuto.

Essi, nell'unione intima con Gesù, si propongono di testimoniare l'uguale dignità di ogni uomo e di vivere tra loro, un rapporto cristiano familiare, nel rispetto della singola persona, nella semplicità e nel mutuo sostegno, coscienti di essere inseriti nel circolo dell'amore interno ed esterno della Famiglia Trinitaria.

Per conoscere l'insieme degli elementi del carisma nicodemìno, è necessario tenere presenti anche le affermazioni che a tale *incipit* fanno da complemento e danno un approfondimento: La Famiglia Missionaria San Nicodemo, essa stessa salvata e sempre bisognosa di salvezza, volendo portare alla comunione Trinitaria ogni uomo, si pone al servizio della Redenzione, nella Chiesa e secondo la volontà di Dio.

Nella sua partecipazione all'opera pastorale della Chiesa, l'Associazione in particolare si vuole impegnare: nell'evangelizzazione, evidenziando da una parte l'amore e la vicinanza salvifica del Signore e dall'altra la sua santità, e dunque la necessità per l'uomo di convertirsi; nella preghiera e nella penitenza, offerte primariamente secondo la volontà di Dio e per la conversione dei peccatori.

Si vuole ancora impegnare nella promozione, nella preparazione e nell'amministrazione del sacramento della Confessione; attraverso quest'ultima azione pastorale, si vuol fare affrontare convenientemente alla persona umana la sofferenza materiale, fisica, psichica e spirituale e, finalmente, rimuovere quella morale, in modo che essa possa vivere nella pace, nella serenità e nella gioia.

L'Associazione, inoltre, vuole interessarsi del bene integrale dei familiari stretti dei propri membri, anche assistendoli nei bisogni materiali urgenti.

Il nucleo centrale del carisma della Famiglia Missionaria San Nicodemo è di vivere in atteggiamento di conversione nell'unione intima con Gesù, coscienti di essere inseriti nel circolo dell'amore interno ed esterno della Trinità. La prima parte di questa definizione esprime il desiderio di conformarsi – crescendo nella giustizia ma implicitamente pure nella carità – sempre meglio in ampiezza e profondità, alla vita di Gesù, attraverso l'osservanza della sua parola, e di vivere così nella sua amicizia (cfr. Gv 15,14). I frati nicodemìni, naturalmente, riconoscono pure la loro debolezza, e sono consapevoli che, per questo riconoscimento e per l'impegno di conformarsi a Cristo, vengono plasmati dalla presenza e dalla forza del Signore Gesù (cfr. 2Cor 12,10), e possono fare propria l'affermazione di San Paolo che dice: «Sono stato crocifisso con Cristo, e non vivo più io, ma Cristo vive in me» (Gal 2,20a).

Gli appartenenti alla Famiglia Missionaria San Nicodemo, sono consapevoli che, per opera dello Spirito Santo, sono uniti alla umanità di Gesù e che, nella comunione con lui, entrano nel circolo dell'amore interno ed esterno della Famiglia Trinitaria; sono consapevoli che vengono chiamati, in particolare, all'accoglienza riconoscente della salvezza del Padre e all'accettazione libera e convinta della sua volontà.

Inoltre, sempre uniti a Gesù e guidati e sostenuti dal suo Santo Spirito, sono consapevoli di essere chiamati a vivere come Gesù sia le modalità sia le finalità del suo amore per gli uomini: amare come lui (cfr. Gv 13,34) e finalizzare questo amore alla comunione degli uomini con Dio e, in questa comunione, degli uomini tra di loro (cfr. Gv 17,21).

Una ulteriore specificazione dell'amore per il prossimo che caratterizza ontologicamente i Nicodemìni, è il riconoscimento dell'uguale dignità di ogni uomo e il desiderio di vivere con gli uomini un rapporto cristiano familiare, nel rispetto della singola persona, nella semplicità e nel mutuo sostegno: il fondatore della comunità nicodemìna ha preso consapevolezza di alcuni di questi valori nel corso della sua giovinezza, ancor prima della forte esperienza spirituale di cui si parlerà in seguito.

4.2 Lo Sviluppo

Lo sviluppo del carisma nicodemìno è avvenuto in un arco di tempo ben determinato: quello che va dagli eventi che hanno preparato la nascita della famiglia nicodemìna a Mammola, fino al suo riconoscimento canonico a Tshikapa, in cui contestualmente sono state approvate *ad experimentum* le sue costituzioni: in esse, e nelle relative disposizioni emanate successivamente, direttamente o come riflesso, si può trovare la cristallizzazione e la focalizzazione del carisma dell'Associazione Clericale della Famiglia Missionaria San Nicodemo.

All'inizio di questo cammino c'è stata, da parte del suo fondatore, la percezione del nucleo centrale del carisma della comunità nicodemìna, successivamente il carisma ha acquisito una sempre migliore conoscenza e anche un arricchimento sostanziale.

Nella prima parte di questa sezione viene descritta l'esperienza spirituale, che è stata vissuta dal fondatore della famiglia nicodemìna e che sta alla base del nucleo fondamentale del carisma Comunitario.

In una seconda parte vengono descritti gli eventi che hanno portato a conoscere meglio, ad approfondire, ma anche ad arricchire la portata del carisma, eventi che vanno fino al momento della costituzione canonica della Comunità.

Nella terza parte, infine, vengono riportate alcune impronte spirituali, che sono state rilasciate durante il tempo di maturazione del carisma, e dunque sono di una grande utilità per focalizzare la struttura e la natura fondamentale del carisma stesso.

4.2.1 La Percezione

In un determinato periodo della sua vita, un giovane ha realizzato una particolare e forte esperienza spirituale, che lo ha portato a diventare sacerdote e successivamente a fondare l'Associazione Clericale della Famiglia Missionaria San Nicodemo. Questa esperienza, che è iniziata attraverso la riflessione personale e si è poi arricchita attraverso la partecipazione ai Gruppi del Rinnovamento nello Spirito, nel volgere di pochi mesi lo ha spinto a lasciare il lavoro e a cercare di diventare sacerdote e missionario, come scrive nella lettera in cui viene chiesta l'interruzione del suo rapporto lavorativo.

a) *L'esperienza spirituale*

L'esperienza spirituale vissuta è consistita, inizialmente, nel sentire il desiderio di confessarsi spesso e allo stesso tempo di avvertire la vicinanza amichevole e dialogante di Gesù; si è trattato di un dono che ha plasmato la vita spirituale del fondatore della famiglia nicodemìna, e che poi è diventato il nucleo di base del carisma di comunità della famiglia stessa. Infatti, in una delle disposizioni della comunità nicodemìna si dice che la descrizione del carisma della Comunità, in sintesi, si trova all'inizio del suo statuto, già dall'espressione "nell'unione intima con Gesù", espressione in certo qual modo sentita e vissuta dal Fondatore a partire da un determinato momento della sua vita.

In questa unione intima, successivamente, da una parte sono state sperimentate la conversione, la vocazione e la missione, dall'altra sono state sperimentate, in certo qual modo, la vicinanza e l'amore salvifico del Padre nello Spirito Santo, come si rileva dalle espressioni similari che si trovano nello stesso inizio dello Statuto.

L'unione intima con Gesù nell'amore verso il Padre, da parte del Fondatore si è sempre vissuta – con riferimento alla sua iniziale conoscenza della Sacra Scrittura – come obbedienza alla volontà del Padre.

Questa stessa unione intima con Gesù, nella dimensione dell'amore verso gli uomini, si specifica per l'identificazione, avvertita dal Fondatore, con la figura di San Giovanni Battista, identificazione che successivamente gli verrà ravvivata dall'incontro con la figura di San Nicodemo Abate; è per questa identificazione che San Giovanni Battista viene invocato come Patrono dalla Famiglia San Nicodemo: egli viene riconosciuto come figura emblematica del suo carisma comunitario.

b) *Rilettura e considerazioni*

Il Fondatore è passato da ciò che avvertiva nel suo cuore, riguardo all'amore degli uomini – da lui stesso talvolta definito come amore profetico –, alla sua identificazione con la figura di San Giovanni Battista; e questa identificazione, per procedimento inverso, lo ha aiutato a conoscere meglio il carisma ricevuto dal Signore.

Il Fondatore, come abbiamo visto, ha preso coscienza del proprio carisma in due tempi. In un primo tempo, soprattutto secondo la modalità sapienziale e mistica, riguardo al desiderio della conversione e riguardo alla vicinanza e all'amore salvifico del Signore: dapprima di Gesù ma poi anche dello Spirito Santo e di Dio Padre. In un secondo tempo, soprattutto secondo la modalità profetica nella preghiera, ha preso coscienza della sua vocazione sacerdotale e missionaria, dunque del carisma sotto l'aspetto della sequela di Gesù nel suo relazionarsi con gli uomini.

Il Fondatore ha sentito come proprio, tra l'altro, l'episodio che riguarda la vocazione e la missione di San Paolo, così come viene descritto negli Atti degli Apostoli, e ha integrato la sua figura con quella di San Giovanni Battista, che non ha sperimentato la conversione iniziale, ma ha ben vissuto la conversione – quella seconda (cfr. *CCC*, 1428) – e l'ha predicata in modo esemplare.

Così, il Fondatore ha sentito il forte bisogno di portare a conoscenza degli altri uomini, il grande amore salvifico ricevuto da Dio; e non poteva essere altrimenti. Quando si vive con l'amore di Dio, allora non si può non amare il prossimo: è infatti lo stesso amore di Dio, che alberga nel cuore dell'uomo, a spingere ad amare, e a farlo nella misura in cui in quel cuore è presente.

Inoltre, il Fondatore, volendo aiutare il prossimo ad amare il Signore secondo la grandezza dell'amore ricevuto, ha sentito il bisogno di portare a conoscenza del prossimo anche i doni spirituali e le modalità da lui sperimentate per corrispondere all'amore del Signore.

Si tratta, in *nuce*, della percezione ancora non focalizzata del carisma ricevuto, un carisma "religioso", un carisma che, come abbiamo visto all'inizio di questo capitolo, consiste nel modo particolare con il quale i membri di una comunità religiosa sono chiamati a relazionarsi con Cristo, e a seguirlo nell'amore verso il Padre e verso gli uomini.

Più tardi il Fondatore, come possiamo rilevare nel prosieguo di questo scritto, avrebbe avuto la percezione del carisma di fondazione di una comunità religiosa, un carisma che avrebbe avuto una iniziale attuazione con l'apertura della casa della Comunità a Mammola e il suo perfezionamento nella costituzione canonica della Comunità a Tshikapa, circostanza nella quale si completava anche la formazione e la definizione del carisma di Comunità.

4.2.2 La Maturazione

Gli studi fatti, l'ordinazione sacerdotale, le esperienze pastorali, la vita spirituale personale, le azioni compiute in funzione della costituzione della Comunità e le interazioni avute in queste attività, plasmavano e maturavano la speciale esperienza spirituale vissuta alcuni anni prima dal Fondatore. Quell'esperienza che lo aveva spinto, nel giro di qualche mese, a lasciare il suo impiego lavorativo e ad iniziare un cammino che doveva condurlo al sacerdozio ed insieme alla vita religiosa, come lui stesso aveva scritto nella lettera di dimissioni dall'impiego stesso.

Veramente un lungo cammino era stato fatto: tante esperienze erano state vissute, anche un'esperienza di vita religiosa, e attraverso di esse si era preso più consapevolezza del rapporto di comunione con Dio e delle modalità attraverso le quali questo rapporto era stato avvertito, si stava sviluppando e si stava delineando. Il Signore, nel suo operare per la realizzazione del suo immenso disegno di salvezza, per una sua piccolissima parte preparava pure, con doni e con esperienze, uno dei suoi collaboratori, già facendolo camminare, in tal modo, nella via della salvezza.

4.2.3 Impronte dello Sviluppo

a) *Imitazione di San Giovanni Battista*

Scrivendo più sopra sulle origini della Famiglia Missionaria San Nicodemo, viene riportato di un dialogo di approfondimento vocazionale – accompagnato dalla preghiera – dal quale emergeva la consapevolezza che, sull'esempio di San Nicodemo, nella comunità che s'intendeva costituire, si sarebbe dovuto fare penitenza e si sarebbe dovuto pregare, innanzi tutto secondo la volontà di Dio e per la conversione dei peccatori. Appariva sempre più chiaramente la natura e la finalità dell'istituzione nascente nonché il suo carisma, che trovava in San Giovanni Battista la principale figura di espressione: la vita di San Nicodemo aveva l'effetto di mettere a fuoco nel Fondatore la sua identificazione con la figura di San Giovanni Battista.

È raccomandato, pertanto, ai membri della comunità nicodemìna, di studiare e meditare i passi del Vangelo che si riferiscono a San Giovanni Battista; ciò per impregnare la propria vita delle attività, dei valori e dei sentimenti che egli ha vissuto: tra l'altro la verità, l'umiltà, la giustizia e lo zelo religioso. In particolare, viene raccomandato di studiare e meditare il *Benedictus*, sul quale, di seguito, viene proposta una breve riflessione. Prima, però, viene riportata una preghiera a San Giovanni Battista, che è stata composta dal Fondatore mentre era Amministratore Parrocchiale delle Parrocchie Maria SS. Annunziata e San Giovanni Battista a Nocera Terinese.

b) ***Preghiera a San Giovanni Battista***

O glorioso San Giovanni Battista, maestro di verità, preghiera e penitenza, amico di Gesù e protettore nostro, insegnaci le tue virtù.

Per tutti gli uomini, specialmente per quanti ti invocano, ottieni dal Signore il bene dell'anima e fiducia nella sua provvidenza.

Aiutaci a ricercare una vita sobria ed essenziale, che, nel Santo Spirito, abbia al centro la comunione con il Padre e con i fratelli, e sia luce di salvezza per quanti vivono nel male e ne sono oppressi.

Con il sostegno di Maria Regina, implora, per il mondo intero, il rispetto della vita umana e la pace. Amen.

c) ***Il servizio di Dio, atto di libertà e di amore***

La preghiera del *Benedictus* non illustra soltanto la dimensione ministeriale della spiritualità nicodemìna e, come riflesso, del suo carisma; essa descrive anche, a guisa di prologo, la realtà della salvezza: della sua storia, della sua natura e dei suoi effetti (cfr. Lc 1,68-79).

Della sua storia, perché è una salvezza preparata da Dio, Padre di tenerezza e di misericordia, attraverso l'elezione del popolo d'Israele e con l'incarnazione del suo Figlio. Della sua natura e dei suoi effetti, perché la salvezza operata da Cristo è portatrice di grazia e di verità (cfr. Gv 1,14), che rivela l'uomo a sé stesso (cfr. *Gaudium et Spes*, 22a) e lo libera dal potere del peccato e del diavolo (cfr. *CCC*, 1237a); e gli permette, in un rapporto di amore filiale, di servire Dio nella giustizia e nella santità e di vivere, come conseguenza, nella pace e nella gioia.

Al riguardo si vuole precisare che il servizio, lungi dall'essere un atto di costrizione, è, al contrario, un atto di libertà, di vera libertà, è un gesto d'amore. Come possiamo constatare dall'esperienza personale, l'amore porta la pace e la gioia, soprattutto nel cuore di chi lo compie: l'uomo, infatti, è creato a immagine di Dio che è amore e felicità, e quando amiamo siamo contenti, quando non lo facciamo siamo tristi; Gesù stesso ci insegna che «[...] si è più beati nel dare che nel ricevere!» (At 20,35c).

L'uomo ha difficoltà ad amare, perché con il peccato originale è stato gravemente ferito nell'umiltà. Dio, che ha creato l'uomo a sua immagine, è umile: lo ha dimostrato nella persona del Figlio, che si è fatto uomo e ha umiliato «[...] sé stesso facendosi obbediente fino alla morte e a una morte di croce» (Fil 2,8).

Gesù è consapevole che bisogna servire: egli afferma di se stesso che «[...] non è venuto per farsi servire, ma per servire» (Mt 20,28b); egli agisce da servo quando lava i piedi ai suoi discepoli (cfr. Gv 13,4-5); egli insegna ai suoi discepoli a comportarsi da servi: «[...] ho lavato i piedi a voi, anche voi dovete lavare i piedi gli uni agli altri» (Gv 13,14c); egli insegna ancora che nell'umiltà, accompagnata dalla mitezza, si realizza la pace: «[...] imparate da me, che sono mite e umile di cuore, e troverete ristoro per la vostra vita» (Mt 11,29c).

Come abbiamo detto, il servizio porta gioia anche a chi fruisce del gesto di amore. Ciò avviene non soltanto quando serviamo gli uomini, ma anche quando serviamo Dio: non perché lui abbia bisogno di qualcosa, ma perché facciamo la sua volontà, riconoscendola giusta; in tal modo lo rispettiamo (cfr. 1Cor 13,5) nella verità del suo essere e dunque compiamo nei suoi riguardi un gesto di amore.

Inoltre, il gesto di amore, quando viene accettato, genera la comunione, il che porta una gioia ancora più grande di quella che deriva dall'amare: Gesù per descrivere la gioia del Paradiso, la paragona ad un banchetto imbandito dove lui stesso passerà a servirci (cfr. Lc 12,35-37).

d) ***Ricerca, conoscenza e attuazione della volontà di Dio***

Un elemento di spiritualità vissuto dal Fondatore, ancora prima di diventare sacerdote, e dunque costitutivo della spiritualità della Famiglia San Nicodemo fin dal suo sorgere, è quello della ricerca, della conoscenza e dell'attuazione della volontà di Dio Padre.

Un'impronta di quanto viene affermato, si può riscontrare soprattutto nello Statuto ma anche nella preghiera alla Madonna che viene di seguito riportata, e che è stata composta dal Fondatore mentre era parroco a Mammola.

e) ***Preghiera alla Madonna, per fare la volontà di Dio***

Concedici, o sapientissima Madre, di vivere in comunione d'Amore con Dio, e di essere attenti ascoltatori della sua Parola, affinché, sul tuo esempio e quello del tuo dilettissimo Figlio, possiamo realizzare, al di là dei nostri progetti, l'amorevole, liberante volontà del Padre. Amen.

f) ***La Preghiera Ordinaria della Famiglia San Nicodemo***

La Preghiera Ordinaria della Famiglia riveste un grande valore per la Comunità in quanto, attraverso di essa, ogni giorno sono presentati al Signore, per ottenere la sua luce e la sua forza, i differenti aspetti della spiritualità Comunitaria: si tratta di un ripasso sintetico e pregato, e dunque di un aiuto indispensabile per meglio conoscere, vivere e maturare la spiritualità stessa.

Inoltre, c'è la possibilità per i membri della famiglia nicodemìna di riconoscere in essa, come riflesso, il carisma Comunitario; e dunque la possibilità di riconoscere in sé stessi, da una parte il carisma di adesione, e dall'altra la presenza del Signore, che vivifica i suoi doni.

Questa preghiera è stata composta dal fondatore della Comunità, durante i primi passi del cammino di formazione della stessa: un suo elemento è costituito dalla Preghiera Breve di Adorazione, che il Fondatore e un Aspirante recitavano davanti alla Cappella del Santissimo della Chiesa di San Nicola di Bari in Mammola, al termine delle riunioni finalizzate alla costituzione della comunità nicodemìna. La Preghiera Breve di Adorazione è composta dalla recita di un *Gloria al Padre* seguito da questa giaculatoria: «Sia lodato e ringraziato ogni momento, il Santissimo e Divinissimo Sacramento».

g) *Il Distintivo della Famiglia San Nicodemo*

Come abbiamo detto, il *Benedictus* ha pure ispirato il distintivo della Famiglia San Nicodemo, nel quale viene raffigurato in modo stilizzato un sole che sorge, simbolo del Figlio che è venuto sulla terra per salvarci.

Il distintivo della Famiglia è rappresentato da una figura a forma di Scudo, arrotondato nella parte superiore e inferiore. Tale figura ha un bordo evidenziato da due linee; tra queste, partendo da sinistra e salendo in senso orario, si trova la Scritta tutta in maiuscole "Famiglia San Nicodemo", separata in basso da una Corona di stelle.

Al centro del distintivo, sono disegnati una Croce e, partendo dall'alto, da sinistra a destra e scendendo, un Triangolo, un Sole e una Luce che brilla, rassomigliante a una Colomba in picchiata e, allo stesso tempo, a una Fiammella. Il fondo del distintivo è di colore grigio medio argento, mentre le linee, la scritta e i disegni sono di colore bianco splendente.

Il Triangolo, il Sole e la Colomba vogliono simboleggiare le Persone della Santissima Trinità e il loro ruolo nella Redenzione che si realizza per la morte in croce di Gesù, il Figlio di Dio che è venuto a visitarci dall'alto come Sole che sorge.

La Corona vuole simboleggiare la Madonna, Porta del Cielo e Madre della Chiesa, alla quale, insieme al suo sposo San Giuseppe, in modo speciale si vuole affidare, dopo la Santissima Trinità, la vita e l'opera della Famiglia San Nicodemo.

In tale contesto la Scritta "Famiglia San Nicodemo", oltre che indicare il nome dell'Associazione, che fa riferimento a San Nicodemo Abate, vuole specificarne anche l'identità: comunità familiare, essa stessa salvata e sempre bisognosa di salvezza, la Famiglia San Nicodemo si pone al servizio della Redenzione, nella Chiesa e secondo la volontà di Dio.

h) ***La devozione a San Nicodemo Abate***

Nel distintivo, come abbiamo visto, c'è anche il riferimento a San Nicodemo, il quale viene citato testualmente. È stata sempre grande, naturalmente, la devozione a San Nicodemo Abate, da parte di tutti coloro che hanno partecipato al cammino di formazione della famiglia nicodemìna, *in primis* da parte del suo Fondatore. C'è riconoscenza per l'aiuto ricevuto da San Nicodemo, ed è per questo motivo che, come è stabilito nello Statuto, tra le opere di apostolato l'Associazione si propone anche di promuovere il culto di San Nicodemo.

Egli viene comunitariamente invocato ogni giorno in ogni Casa e per due volte: nelle preghiere del mattino a fianco delle Lodi e ogni sera a fianco dei Vespri. Ancora, nello schema che di solito viene utilizzato per effettuare uno dei due incontri settimanali di Adorazione Eucaristica, quello che viene fatto dopo cena, è inserita una preghiera a San Nicodemo, che viene riportata in appresso; essa è stata effettuata in particolar modo, e con grande fiducia, nel tempo che ha preceduto la costituzione canonica dell'Associazione a Tshikapa. Infine, San Nicodemo viene annualmente festeggiato dalla famiglia nicodemìna in tutte le sue Case, l'ultima domenica di agosto, una settimana prima della festa principale che si tiene in suo onore a Mammola.

Qui, la festa di San Nicodemo viene celebrata tre volte all'anno; ogni festa ha la sua processione e ogni processione viene fatta con una statua diversa: la prima festa ricorre il 12 marzo, in ricordo della sua morte, e si svolge nel centro cittadino; la seconda festa ricorre la domenica coincidente o successiva al 12 maggio al santuario, in memoria della sua nascita; la terza festa ricorre la prima domenica di settembre, nel centro cittadino, in memoria della traslazione delle reliquie, nel 1501, dall'antico monastero del Kellerana a Mammola.

Nella Diocesi di Locri - Gerace, la memoria liturgica di San Nicodemo Abate, come risulta dalla Guida Pastorale delle Diocesi della Calabria, risulta fissata al 12 marzo. Essa fa riferimento alla data della morte del Santo, la quale però, secondo alcuni autori è avvenuta il 25 marzo. Probabilmente il giorno 12 e il giorno 25 fanno riferimento allo stesso momento della morte di San Nicodemo, solo che il giorno 12 viene computato secondo il calendario giuliano, mentre il giorno 25 viene computato secondo il calendario gregoriano.

i) *Preghiera a San Nicodemo Abate*

O glorioso San Nicodemo Abate, servo buono e fedele del Signore, e partecipe della Sua gioia nello Spirito Santo, onore e vanto della gente di Calabria, a Te ci rivolgiamo, e invochiamo la Tua intercessione per il mondo intero.

Cultore di preghiera e di penitenza, aiutaci a comprendere che la comunità si costruisce intorno all'Eucarestia, e che la sua celebrazione e la sua adorazione sono vero nutrimento della persona e della sua trasformazione, sì da avere gli stessi sentimenti di Gesù.

Baluardo dei deboli e dei poveri, Ti preghiamo di prenderti cura, con il sostegno di Maria, Vergine potente, dei giovani e delle famiglie, innanzi tutto della loro salute spirituale e poi del loro benessere materiale, in modo particolare, dei loro bisogni affettivi e di lavoro.

Edificatore di uomini e di comunità, ottieni che ogni educatore sia guidato nella sua azione dalla verità sull'uomo, e che possano venire alla luce, quando sia nella volontà di Dio, le comunità missionarie in via di formazione. Amen.

4.3 La Spiritualità nicodemìna

All'inizio di questo capitolo, nel riportare la descrizione del carisma della comunità nicodemìna è stato osservato che la sua spiritualità, alla pari del carisma, riguarda non solo il modo di relazionarsi con Gesù, e in Gesù con lo Spirito Santo e con Dio Padre, ma anche le modalità con le quali si vive la sequela di Gesù nelle relazioni personali della vita comunitaria e di apostolato.

Potrebbe sembrare che la spiritualità, o vita spirituale, quale vita di relazione con le tre Persone divine, venga a mancare nelle relazioni con gli uomini, in realtà nella vita comunitaria e di apostolato si segue Gesù e si agisce insieme a lui; inoltre, attraverso le persone si entra in relazione con Dio (cfr. Mt 25,40) e, ancora, ogni opera dell'uomo, fatta in Dio, è una forma di preghiera (cfr. *CCC*, 2745c).

Nel concetto di spiritualità si possono dunque distinguere due livelli, un livello che fa riferimento alla relazione diretta della persona con Dio e un livello più ampio che comprende anche la relazione che si vive con Dio attraverso le relazioni personali nella comunità e nell'apostolato. Per indicare il livello più ristretto del concetto di spiritualità, si ricorre al termine "spiritualità sponsale", mentre gli altri due livelli vengono indicati, rispettivamente, con i termini di spiritualità fraterna e di spiritualità ministeriale.

Essendo che il carisma si riflette nella spiritualità, ne deriva che la conoscenza della spiritualità mette a fuoco l'identità del carisma da cui essa scaturisce, e dunque permette di riconoscerne la peculiarità: a tal fine, qui di seguito vengono descritti alcuni tratti salienti della spiritualità sponsale della Famiglia Missionaria San Nicodemo, nonché della spiritualità che si esprime nel *proprium* della sua vita comunitaria e della sua missione.

Tuttavia, essendo che la spiritualità nicodemìna si comprende all'interno della spiritualità religiosa, la quale a sua volta è una espressione della vita cristiana in generale, si ritiene opportuno premettere, ai temi appena indicati, la trattazione dei voti religiosi, propri di ogni comunità e dunque anche di quella nicodemìna.

4.3.1 Vita consacrata e Professione religiosa

Lo stato di vita consacrata, che si realizza attraverso il rito della professione religiosa e si radica nel Battesimo, appare come uno dei modi di conoscere una "più intima" consacrazione a Dio (cfr. *CCC*, 916a).

«Nella vita consacrata, i fedeli di Cristo si propongono, sotto la mozione dello Spirito Santo, di seguire Cristo più da vicino, di donarsi a Dio amato sopra ogni cosa e, tendendo alla perfezione della carità a servizio del Regno, di significare e annunziare nella Chiesa la gloria del mondo futuro» (*CCC*, 916c).

Con la professione religiosa il candidato, guidato e sostenuto dallo Spirito Santo, nella comunione con Cristo e alla sua sequela, nella ricerca e nell'attuazione della volontà del Padre, mediante il ministero della Chiesa, si consacra a Dio ed assume l'obbligo di praticare i tre consigli evangelici di castità nel celibato, di povertà e di obbedienza, seguendo le costituzioni.

La perfezione della Legge nuova consiste essenzialmente nei comandamenti dell'amore di Dio e del prossimo: oltre ai precetti, essa comprende anche i consigli evangelici. I precetti mirano a rimuovere ciò che è incompatibile con la carità. I consigli si prefiggono di rimuovere ciò che, pur senza contrastare con la carità, può rappresentare un ostacolo per il suo sviluppo (cfr. *CCC*, 1973).

I consigli evangelici non vanno considerati come una negazione dei valori inerenti alla sessualità, al legittimo desiderio di disporre di beni materiali e di decidere autonomamente di sé. Essi, invece, pur affermando il valore dei beni creati, li relativizzano, additando Dio come il bene assoluto (cfr. *Vita Consecrata*, 87).

a) *Castità nel celibato*

«Il consiglio evangelico della castità assunto per il Regno dei cieli, che è segno della vita futura e fonte di una più ricca fecondità nel cuore indiviso, comporta l'obbligo della perfetta continenza nel celibato» (*CIC*, 599). La persona consacrata attesta che, in Cristo, l'uomo può trovare la forza della padronanza di sé e della disciplina necessarie per non cadere nella schiavitù dei sensi e degli istinti (cfr. *Vita Consecrata*, 88).

La castità esprime la raggiunta integrazione della sessualità nella persona e conseguentemente l'unità interiore dell'uomo nel suo essere corporeo e spirituale: la sessualità diventa personale e veramente umana allorché è integrata nella relazione da persona a persona. La castità è un'opera di lungo respiro, che non si potrà mai ritenere acquisita una volta per tutte. È necessaria, pertanto, un'integrale e permanente educazione, che si attua in tappe di crescita graduale (cfr. *CCC*, 2337-2350).

Un'altra attitudine spirituale, connessa con la castità, è la continenza: data la fragilità della persona umana, è molto facile che ci siano momenti in cui venga a mancare la virtù della castità, per cui la continenza ne diventa una necessaria alleata; essa esprime che la bontà intellegibile della sessualità umana è stata realizzata solo nella volontà.

Le condizioni fondamentali perché la castità possa nascere, svilupparsi e radicarsi nell'eros umano sono principalmente due: il pudore e la purezza dello sguardo interiore; altre condizioni che rendono possibile l'attuarsi della castità si possono individuare nella preghiera, nella disciplina della vita e nella prudenza.

b) *Povertà*

La virtù evangelica della povertà, ad imitazione di Cristo che essendo ricco si è fatto povero per noi, ha innanzi tutto il significato di testimoniare Dio come vera ricchezza del cuore umano. Dunque, lo spirito di povertà vuole significare che la vita non dipende dai beni materiali che si possiedono, ed implica il distacco affettivo da essi, per vivere in libertà e affidati alla provvidenza di Dio (cfr. Mt 6,19-34). La virtù cristiana della povertà, inoltre, comporta una testimonianza evangelica di abnegazione e di sobrietà, e di attenzione alle necessità del prossimo e dei poveri in particolare (cfr. *CCC*, 2443-2449); essa, pertanto, non sopprime i beni materiali, ma dà loro il giusto ordinamento.

c) *Obbedienza*

«Il consiglio evangelico dell'obbedienza, accolto con spirito di fede e di amore per seguire Cristo obbediente fino alla morte, obbliga a sottomettere la volontà ai Superiori legittimi, quali rappresentanti di Dio, quando comandano secondo le proprie costituzioni» (*CIC*, 601).

L'obbedienza che caratterizza la vita consacrata ripropone l'atteggiamento di obbedienza di Cristo al Padre e «[...] testimonia che non c'è contraddizione tra obbedienza e libertà. In effetti, l'atteggiamento del Figlio svela il mistero della libertà umana come cammino d'obbedienza alla volontà del Padre e il mistero dell'obbedienza come cammino di progressiva conquista della vera libertà» (*Vita Consecrata*, 91b).

L'obbedienza nella vita religiosa assume un particolare significato anche per la dimensione comunitaria che la caratterizza: «Nella fraternità, animata dallo Spirito, ciascuno intrattiene con l'altro un prezioso dialogo per scoprire la volontà del Padre, e tutti riconoscono in chi presiede l'espressione della paternità di Dio e l'esercizio dell'autorità ricevuta da Dio, a servizio del discernimento e della comunione» (*Vita Consecrata*, 92a).

Autorità e obbedienza sono al servizio del medesimo atto di volontà di Dio, per il bene di tutti e di ognuno: «Contro lo spirito di discordia e di divisione, autorità e obbedienza risplendono come un segno di quell'unica paternità che viene da Dio, della fraternità nata dallo Spirito, della libertà interiore di chi si fida di Dio nonostante i limiti umani di quanti lo rappresentano» (*Vita Consecrata*, 92c).

Afferma San Paolo: «Ciascuno sia sottomesso alle autorità costituite; poiché non c'è autorità se non da Dio e quelle che esistono sono stabilite da Dio. Quindi chi si oppone all'autorità, si oppone all'ordine stabilito da Dio. E quelli che si oppongono si attireranno addosso la condanna» (Rm 13,1-2).

Bisogna però tenere presente questa precisazione: «L'autorità è esercitata legittimamente soltanto se ricerca il bene comune del gruppo considerato e se, per conseguirlo, usa mezzi moralmente leciti. Se accade che i governanti emanino leggi ingiuste o prendano misure contrarie all'ordine morale, tali disposizioni non sono obbliganti per le coscienze» (*CCC*, 1903a).

Lo spirito e la pratica dell'obbedienza sono sommamente necessari per una vita virtuosa nell'amore in quanto, come dice Sant'Agostino, l'obbedienza è l'origine, la madre e la custode delle virtù.

4.3.2 Elementi della Spiritualità sponsale

Vengono indicati, in questa sottosezione, gli elementi che caratterizzano la spiritualità sponsale della famiglia nicodemìna, ma prima sono riportate le attività spirituali comunitarie e personali che sono richieste dalla famiglia stessa, al fine di favorire il rapporto diretto con il Signore, che rimane il rapporto privilegiato nella comunione d'amore con Dio: la famiglia nicodemìna vuole applicarsi ad una vita di apostolato attivo ma anche ad una vita di contemplazione, al di là della misura ordinaria che tutte le comunità religiose missionarie devono vivere.

a) *Attività spirituali comunitarie*

Il relazionarsi comunitario con Dio prevede la celebrazione giornaliera della Santa Messa, delle Lodi e dei Vespri, nonché la preghiera dell'*Angelus* (o del *Regina Cœli*) e le altre preghiere proprie della Comunità.

Sono ancora previste, nel corso della settimana, variegate forme di attività spirituali: la Catechesi Biblica; due volte l'Adorazione Eucaristica; la Preghiera spontanea; il Santo Rosario; un Insegnamento; la Meditazione personale.

Accanto a tali attività, sono previsti anche dei momenti di penitenza comunitaria, nei giorni non festivi del martedì, del mercoledì e soprattutto del venerdì. Tutto ciò al fine di dare uno spessore quanto più alto possibile al rapportarsi con il Signore.

b) *Attività spirituali personali*

Al di là delle attività spirituali comunitarie, sono previsti dei tempi di studio e di preghiera personali nonché delle penitenze personali, e ancora – alternati a quelli comunitari – dei ritiri mensili personali: il tutto per privilegiare la dimensione intima nella relazione con il Signore. In particolare, ogni Frate dovrà approfondire personalmente la progressiva conoscenza di un Catechismo, della Bibbia, di un documento ecclesiale sulla Vita consacrata nonché delle Costituzioni.

Inoltre, ogni giorno, sempre personalmente, ogni Frate dovrà recitare l'Ufficio delle Letture, un'Ora Media, la Compieta, fare una breve Meditazione sulla morte corporale nonché, possibilmente, recitare il Santo Rosario.

Con la Meditazione sulla morte corporale si vuole richiamare l'attenzione e la consapevolezza sulla brevità del cammino terreno e insieme sul suo termine, che è l'incontro nella gloria con il Signore Dio uno e trino, e con i suoi santi. Ne consegue che bisogna vivere responsabilmente e con coraggio l'attimo presente, come anticipo e preparazione fattiva della gloria della vita futura.

c) *La relazione con le Persone divine*

La relazione con Dio è il bene fondamentale di ogni uomo, soltanto in Dio l'uomo trova la verità e la felicità che cerca senza posa, perché egli è creato per vivere in comunione con lui (cfr. *CCC*, 27a), più precisamente «[...] con ognuna delle Persone divine, senza in alcun modo separarle. Chi rende gloria al Padre lo fa per il Figlio nello Spirito Santo; chi segue Cristo, lo fa perché il Padre lo attira e perché lo Spirito lo guida» (*CCC*, 259c).

Nella misura in cui, nella docilità allo Spirito Santo, ci uniamo alla Persona del Figlio unigenito, alla sua Umanità glorificata e in particolare alla sua volontà umana, il nostro agire sgorga insieme da noi e dallo stesso Spirito Santo, e si rivolge come espressione d'amore al Padre, non solamente per mezzo di Cristo, ma anche in lui (cfr. *CCC*, 2564; 2615).

E poiché la Santissima Trinità è consustanziale e indivisibile, la nostra azione di adorazione e di glorificazione del Padre, nello stesso tempo si rivolge al Figlio e al loro unico Santo Spirito (cfr. *CCC*, 2789).

In modo specifico, dalla comunità nicodemìna viene richiesto ai suoi membri di curare un rapporto di amicizia con la persona di Gesù, nel reciproco rispetto e nella contemplazione del suo amore crocifisso e misericordioso; allo stesso tempo di impegnarsi nella sua imitazione, nel riconoscimento dei propri limiti e della propria fragilità.

Quanto alla relazione con Dio Padre, è necessario essere consapevoli della sua vicinanza salvifica e della necessità di fare la sua volontà: la sua vicinanza va riconosciuta, lodata e ringraziata; la sua volontà è da ricercare e attuare.

Riguardo allo Spirito Santo, considerato che il nostro agire sgorga insieme da noi e da lui, bisogna ricercare e attuare la docilità alla sua guida, avendo come riferimento l'amore costante verso Dio e verso i fratelli; allo stesso tempo occorre ricercare e accogliere il suo sostegno nel parlare e nell'agire, per farlo con saggezza e con fortezza.

In questa relazione con le Persone divine, bisogna vivere in un atteggiamento di continua conversione e santificazione e dunque bisogna seguire le indicazioni della Chiesa che favoriscono questo cammino: qui di seguito vengono riportate alcuni elementi di queste indicazioni.

d) ***Cammino di perfezione***

Tutti gli uomini sono chiamati alla santità, tutti sono chiamati dal Padre ad essere in tutto obbedienti alla sua volontà e ad essere conformi all'immagine del Figlio suo. Il Signore, nell'Antico Testamento, dice al suo popolo: «Sarete santi per me, poiché io, il Signore, sono santo» (Lv 20,26a). E Gesù nel Nuovo Testamento aggiunge: «Siate voi dunque perfetti come è perfetto il Padre vostro celeste» (Mt 5,48); e ancora: «Come io ho amato voi, così amatevi anche voi gli uni gli altri» (Gv 13,34).

È necessario pertanto fare continuamente un esercizio di umiltà, tanto rispetto alla comprensione quanto alla capacità di fare il bene, impegnandosi costantemente nella ricerca e nell'accoglienza della verità e della grazia. Inoltre, per imparare ad affrontare e ad accettare la croce nell'attuazione del bene e nel rifiuto del male, bisogna rafforzarsi mediante le opere di penitenza.

Bisogna inoltre impegnarsi nell'accogliere fattivamente i doni che Dio ci elargisce, in quanto sono condizione e preparazione per l'accoglienza di ulteriori doni, e dunque possibilità per crescere nella santità.

e) ***Grazia e preghiera***

La ricerca della grazia avviene nella preghiera ma anche nelle stesse opere ben fatte; esse infatti costituiscono un atto di amore verso Dio che certamente non si lascia vincere in generosità: «Preghiera e vita cristiana sono inseparabili, perché si tratta del medesimo amore e della medesima abnegazione, che scaturisce dall'amore. La medesima conformità filiale e piena d'amore al Disegno d'amore del Padre. La medesima unione trasformante nello Spirito Santo, che sempre più ci configura a Cristo Gesù. Il medesimo amore per tutti gli uomini, quell'amore con cui Gesù ci ha amati» (*CCC*, 2745a).

La mediazione dei Santi riveste una particolare importanza, e dunque nella preghiera bisogna anche rivolgersi alla Madonna, con un atteggiamento di fiducia, di amore filiale e di riconoscenza, per il suo aiuto e soccorso. Con un simile atteggiamento, bisogna anche richiedere l'aiuto degli Angeli e dei Santi del Paradiso, delle Anime Sante del Purgatorio e della Santa Chiesa.

A questo riguardo è opportuno ricordare che l'unico mediatore è Gesù, e dunque lui soltanto è la via della nostra preghiera; le altre mediazioni hanno lo scopo di farci avvicinare a Gesù, e questo avviene soprattutto per la Madonna: «Maria, Madre sua e Madre nostra, è pura trasparenza di lui: ella "mostra la via", ne è "il segno"» (*CCC*, 2674b).

La Madonna ha un posto privilegiato nella vita religiosa nicodemìna; nella circostanza della professione religiosa, infatti, il candidato si impegna anche a curare l'amore filiale verso la Madonna, «[...] via privilegiata per la fedeltà alla vocazione ricevuta e un aiuto efficacissimo per progredire in essa e viverla in pienezza» (*Vita Consecrata,* 28c).

4.3.3 La Vita di comunità

I frati nicodemìni, nell'unione intima con Gesù, si propongono di vivere tra loro un rapporto cristiano familiare, nel rispetto della singola persona, nella semplicità e nel mutuo sostegno, testimoniando l'uguale dignità di ogni persona.

I frati nicodemìni vivono in comunità di vita fraterna e questo significa che essi restano profondamente uguali: pertanto, deve essere bandito ogni atteggiamento di superiorità e ciascuno dei membri deve sforzarsi ad essere semplice ed umile, nonché a farsi prossimo ai singoli confratelli e ad onorarli.

L'atteggiamento di carità richiesto ai singoli frati, deve riflettersi in ogni struttura, spontanea o organizzata, della vita comunitaria; l'autorità preposta deve opportunamente vigilare affinché ogni sua espressione, sia sempre più segno e strumento di comunione con Dio e tra i frati, bandendo ogni sorta di male, in particolare la doppiezza.

a) ***Dimensione contemplativa***

Un aspetto della natura della comunità nicodemìna è che essa vuole applicarsi ad una vita di apostolato attivo ma anche ad una vita di contemplazione, al di là della misura ordinaria che tutte le comunità religiose missionarie devono vivere. Per comprendere meglio, si potrebbe dire che la comunità nicodemìna è in parte una comunità religiosa di vita attiva, ed in una certa parte una comunità religiosa di vita contemplativa.

Questo marcato aspetto contemplativo si può rilevare già nelle prime pagine dello Statuto, dove si parla della volontà di Dio e della collaborazione alla sua opera, dove si dice che i membri della Famiglia San Nicodemo devono vivere nell'unione intima con Gesù, coscienti di essere inseriti nel circolo dell'amore interno ed esterno della Famiglia Trinitaria.

Pertanto, la comunità nicodemìna ricerca a favore dei suoi membri, al di là della formazione comunitaria, una cura profonda, intima della formazione personale: si vuole formare alla responsabilità personale, al silenzio interiore, alla conoscenza interiore di sé stessi, al rapporto personale con Dio e al riconoscimento della sua presenza attraverso la creazione ed attraverso gli avvenimenti.

b) ***Tutela della dimensione personale***

Viene affermato nello statuto dell'Associazione che si dovrà fare ogni sforzo affinché, in ogni casa della Comunità, ogni Frate possa avere, oltre al bagno personale, la disponibilità di due stanze. La comodità e l'accoglienza dell'alloggio, vogliono significare che non si tratta di un collegio, ma di una comunità in cui i suoi membri sono equiparati a capi di famiglia, i quali liberamente hanno scelto di vivere associati in una famiglia più grande.

Inoltre, si vuole così favorire la possibilità dello studio e della preghiera personale, ma anche quella di coltivare un *hobby* personale, nonché di realizzare dei lavori a carattere personale. Infatti, nello Statuto viene ancora affermato che è consentito tenere nel proprio alloggio tutti i mezzi di comunicazione sociale, anche se il loro uso deve essere fatto con prudenza e moderazione, e senza recare disturbo alle persone che sono presenti negli ambienti vicini.

Bisogna aggiungere che tale alloggio non deve mai diventare luogo di conversazione: l'accoglienza in esso di una persona, deve avere il carattere di straordinaria e necessaria esigenza. Il tutto vuole esprimere il rispetto e la dignità della singola persona oltre che favorire la conoscenza e la realizzazione personale, come base per il dialogo e la crescita reciproca nel relazionarsi.

c) *Rispetto e promozione della dignità dell'uomo*

Bisogna rispettare ogni uomo ed impegnarsi per il suo bene integrale: spirituale e materiale, personale e sociale; i frati nicodemìni devono essere consapevoli che la spiritualità si vive anche nella giusta relazione con l'uomo, nel quale si ama Gesù stesso e si partecipa all'amore di Dio per l'uomo.

Viene richiesto che questo atteggiamento venga attuato, innanzi tutto, nei riguardi delle persone che vivono all'interno della Comunità; pertanto chi esercita la legittima e necessaria autorità dovrà sempre ritenere il relativo insegnamento di Gesù, Maestro e Signore: «[...] chi vuole diventare grande tra voi, sarà vostro servitore e chi vuole essere il primo tra voi, sarà vostro schiavo» (Mt 20,26b-27).

Questo non significa in alcun modo sminuire il ruolo dell'autorità Comunitaria che, anzi, deve essere da tutti riconosciuto, rispettato e apprezzato come la mediazione della volontà salvifica del Signore.

d) ***Abbigliamento dei Frati***

È previsto che i membri nicodemìni, durante i momenti di preghiera liturgica comunitaria, indossino il saio al fine di sottolineare la sacralità della preghiera.

Nei casi in cui è consentito indossare sobri e comuni abiti civili, bisogna evitare l'ostentazione del corpo e la vanità, tenendo invece presente il principio della carità, rispettando la coscienza debole altrui, e quello della testimonianza cristiana.

Inoltre, tali abiti civili debbono risultare comodi e pratici e debbono rispettare una sostanziale uniformità, in modo da esprimere e sostenere il senso di appartenenza ad una stessa comunità di consacrati.

4.3.4 L'Apostolato

a) ***Termine dell'apostolato***

Partecipando all'opera pastorale della Chiesa, la Famiglia San Nicodemo vuole aiutare tutti gli uomini a scoprire e maturare il rapporto personale con il Dio vivente, uno e trino, santo e misericordioso. A tal fine, la Famiglia curerà la proposizione e la diffusione comprensibile della verità evangelica nonché l'inculturazione dei valori cristiani, in particolare la verità, la giustizia, la solidarietà e la pace.

Anche quando questo suo operare assume dimensioni generalizzate, la Famiglia si pone ultimamente al servizio dell'uomo concreto, chiamato a salvarsi nella sua storia, cioè nel suo luogo e nel suo tempo.

Tra le iniziative che la Famiglia San Nicodemo intende perseguire, per realizzare la sua opera di apostolato, sono presenti quelle di seguito indicate.

b) ***Apostolato della preghiera e della penitenza***

Perché sulla terra «[...] si attui la giustizia e abbiano successo i tentativi degli uomini per realizzarla, è necessario il *dono della grazia*, che viene da Dio» (*Centesimus Annus*, 59a). Dunque, la salvezza e la sua realizzazione sono frutto della grazia e questa grazia bisogna implorarla, sia con la preghiera sia con l'offerta della penitenza (cfr. *Ad Gentes*, 38b).

È soprattutto nella celebrazione e nell'adorazione dell'Eucarestia, fonte e culmine dell'evangelizzazione, che si può chiedere il dono della salvezza e delle energie per collaborare alla sua realizzazione, sull'esempio di Gesù Cristo che in tale Sacramento dà la vita per i suoi amici (cfr. *Sollicitudo Rei Socialis*, 48c). I membri della Famiglia sono consapevoli di doversi impegnare – e lo faranno secondo le modalità previste nel Regolamento – alla preghiera e alla penitenza, tramite di grazia per la salvezza propria e quella dei fratelli.

c) ***Le opere di penitenza***

La Santa Madre Chiesa nel Codice Canonico ricorda che i fedeli di Cristo, per legge divina, ciascuno secondo la propria condizione, hanno l'obbligo di fare penitenza al fine di compiere con maggiore fedeltà il proprio dovere. Nei limiti e nella salvaguardia di quanto viene affermato dalla Chiesa, questa Associazione stabilisce per i propri iscritti, riguardo alle opere di penitenza, quanto segue.

Ogni venerdì dell'anno, si farà digiuno e astinenza così come la Chiesa stabilisce per il Mercoledì delle Ceneri e il Venerdì Santo. Allo stesso modo si farà digiuno e astinenza anche in tutti i martedì e i mercoledì di Quaresima. Tutti i martedì, i mercoledì e i venerdì dell'anno, si farà astinenza e, inoltre, durante i pasti non si potranno consumare bevande alcoliche, mentre al di fuori dei pasti si potrà consumare solo acqua.

Il regime di penitenza aggiuntivo, stabilito dall'Associazione, viene sospeso nei giorni di esenzione dal digiuno stabilito dalla Santa Chiesa, nelle festività civili e religiose e, inoltre, nelle ricorrenze e circostanze che saranno indicate dalla stessa Associazione.

Ogni Aspirante, come entra a far parte della Famiglia, dovrà riconsiderare insieme all'autorità Comunitaria i legami a precedenti voti e promesse, e dovrà dichiarare, liberamente, che promesse o voti aggiuntivi a quelli previsti dall'Associazione non lo obbligheranno in coscienza, né potranno essere attuati, se non verranno debitamente autorizzati dall'Associazione stessa.

Non saranno comunque autorizzati o richiesti gesti penitenziali che potrebbero ridurre la libertà della persona. Chi ottiene di fare un'ulteriore penitenza non ritenga di essere superiore al suo confratello: ci sono doni in misura diversa, penitenze non visibili e strade di santificazione diverse.

Ogni Frate ricordi che dovrà innanzi tutto sopportare ed offrire quelle sofferenze di cui il Signore fa dono, anche se non richieste; nessuno, comunque, chieda in dono sofferenze al Signore, se prima non ne avrà parlato con il suo Padre Spirituale e quindi, eventualmente, venga autorizzato dall'autorità Comunitaria competente.

Le penitenze stabilite o autorizzate dall'Associazione, per sopraggiunte necessità possono essere dispensate dalla competente autorità Comunitaria, sia a favore di tutti i membri di una o più Case, sia a favore di ciascuno di essi. Nei casi di urgenza ogni Frate può derogare a sua discrezione dall'osservanza delle penitenze stabilite o autorizzate dall'Associazione.

d) ***Apostolato a livello diocesano***

Nella consapevolezza di dover contribuire alla salvezza degli uomini in concreto, la Famiglia San Nicodemo si propone anche di avvicinarne alcuni nel loro territorio e per fare questo si pone al servizio della Chiesa Diocesana. I membri della Famiglia possono essere presenti in una Diocesi con una o più Case, e, quando è possibile, saranno aggregati in modo tale da poter guidare almeno una Parrocchia.

Essi compiono una prima forma di apostolato attraverso la testimonianza della loro vita cristiana, nella forma di speciale consacrazione a Dio (cfr. 2Cor 3,2). Inoltre, offrono il loro impegno di preghiera e di penitenza, particolarmente per la salvezza degli abitanti della Diocesi in cui vivono.

Ancora, nella misura in cui è possibile, l'Associazione vuole offrire, alle Parrocchie della stessa Diocesi, un sostegno qualificato riguardo alla preparazione e all'amministrazione del sacramento della Confessione. L'Associazione si propone, infine, di promuovere il culto di San Nicodemo, almeno in una Parrocchia di ciascuna Diocesi in cui l'Associazione stessa opererà.

e) ***Apostolato rivolto alla famiglia***

Una specifica finalità di apostolato che l'Associazione vuole realizzare, è quella di contribuire allo sviluppo della famiglia come piccola chiesa e cellula fondamentale della società.

All'uopo, l'Associazione si prende cura, per quanto è possibile, del bene integrale di tutti i familiari stretti dei suoi membri, anche assistendoli nei loro bisogni materiali urgenti ma interessandosi innanzi tutto del loro benessere morale e spirituale.

Inoltre, nella sua attività di apostolato, si propone di diffondere fra gli uomini in genere, un similare atteggiamento di cura verso i loro familiari stretti.

f) ***Apostolato della giustizia e della pace***

Volendo perseguire l'inculturazione dei valori evangelici della giustizia e della pace, l'Associazione si prefigge di promuovere la solidarietà tra i soggetti della società, oltre che della famiglia, anche attraverso la realizzazione di progetti assistenziali a favore dei più bisognosi.

L'Associazione, inoltre, vuole promuovere la pacifica convivenza sociale, anche attraverso iniziative che possano favorire il dialogo, il rispetto della dignità e della libertà di coscienza di ogni uomo, e l'educazione alla moralità e alla legalità.

L'operare per un siffatto benessere sociale, oltre ad essere un'esigenza della carità evangelica, si configura come invito alla conversione, dunque come via di preparazione alla conoscenza e all'amore della verità assoluta che è Cristo (cfr. Gv 3,21).

g) ***Attività lavorativa come apostolato***

Al benessere sociale sopra indicato, contribuisce anche lo sviluppo economico, e all'uopo l'Associazione Clericale della Famiglia Missionaria San Nicodemo, dove è possibile, promuove la nascita di qualche attività lavorativa, al fine di alleviare il problema della disoccupazione, e insieme possibilmente altri problemi sociali, oltre che creare un'opportunità di lavoro per i frati dell'Associazione stessa.

Alcuni di essi, infatti, come impegno principale di apostolato possono svolgere un'attività lavorativa, anche esterna rispetto al domicilio della comunità, annunciando l'amore salvifico di Dio e la sua santità, con l'amore verso il prossimo e la fedeltà all'imperativo morale.

CONCLUSIONE

Ogni uomo aspira alla felicità, e ritiene di poter pervenire ad una felicità che possa appagarlo una volta per tutte. Così egli si impegna a ricercarla, ma accade che, una volta raggiunta la meta ritenuta capace di soddisfare la sua ricerca, rimane deluso: ben presto si accorge di desiderare una felicità sempre più grande.

E questo avviene giustamente, perché l'uomo ha il desiderio di Dio, di partecipare alla beatitudine divina; l'uomo, anche quando non sia consapevole, è alla ricerca di Dio. D'altra parte, è Dio stesso che si pone alla ricerca dell'uomo, per offrirgli il suo dono di amore e di comunione: «Dio infatti ha tanto amato il mondo da dare il Figlio unigenito, perché chiunque crede in lui non vada perduto, ma abbia la vita eterna» (Gv 3,16).

Dio si rivela ad ogni uomo, per vie che talvolta sono misteriose, e lo chiama a rispondere liberamente al suo invito ad accogliere la salvezza, ad essere felice attraverso l'attuazione profonda del suo essere. Ogni uomo, infatti, aspira a vivere nell'amore e nella comunione con Dio, e, allo stesso tempo, nell'amore e nell'unificazione di sé stesso, nell'amore e nella comunione con gli uomini, e in una corretta relazione con il creato.

Proprio partendo dalla relazione con il creato, da custodire e da coltivare, si può illustrare meglio il contesto in cui si realizza la salvezza: custodire il creato implica il riconoscimento, il rispetto e l'apprezzamento della sua natura e del suo agire; e coltivare il creato significa interagire per realizzare reciprocamente il bene proprio a ciascuno. «Ogni essere esige di essere riconosciuto, cioè amato in modo adeguato, alla sua verità: Dio come Dio, l'uomo come uomo, le cose come cose» (*Grazia e Imperativo*, 4b). «Le norme morali sono le immutabili esigenze, che emergono dalla verità di ogni essere» (*Grazia e Imperativo*, 4a).

Quanto alla relazione dell'uomo con sé stesso, bisogna mettere in rilievo che l'uomo deve custodire e coltivare il proprio corpo, nonché la propria coscienza e il proprio cuore, che aspira alla felicità. Pertanto, si custodisce e si coltiva il proprio corpo, quando si prende consapevolezza delle leggi e delle finalità che lo regolano, e dunque si prende consapevolezza che la sua realizzazione – la realizzazione del suo bene intellegibile – avviene nella dimensione e per il bene superiore della persona, unità di corpo e di spirito. Si custodiscono e si coltivano la propria coscienza e il proprio cuore, quando si prende consapevolezza del nostro desiderio di verità e di felicità, e si agisce per appagarlo sempre meglio.

Quando tra gli uomini si mette in pratica un atteggiamento relazionale basato sul rispetto e sulla ricerca del bene reciproco, si realizza non solo la pace ma anche la gioia; si realizza quel benessere che Giacomo Leopardi, ne *Il Passero Solitario*, così descrive: «Tutta vestita a festa la gioventù del loco lascia le case, e per le vie si spande; e mira ed è mirata, e in cor s'allegra». È possibile che, da parte del Leopardi, non sia stata percepita e descritta la gioia derivante dalla salvezza, che include la comunione con Dio; senz'altro la gioia di cui egli parla, è un segno ed è anche un mezzo per arrivare alla gioia della salvezza e alla gioia tutta intera.

Questa gioia tutta intera viene offerta da Dio Padre in Gesù Cristo: «Se osserverete i miei comandamenti, rimarrete nel mio amore, come io ho osservato i comandamenti del Padre mio e rimango nel suo amore. Vi ho detto queste cose perché la mia gioia sia in voi e la vostra gioia sia piena» (Gv 15,10-11). Chi crede in lui, cioè chi ascolta e mette in pratica la sua parola, entra già nella vita eterna: «Io sono la via, la verità e la vita. Nessuno viene al Padre se non per mezzo di me» (Gv 14,6c). Si tratta di una gioia che è già piena nella vita terrena, ma che assumerà delle connotazioni del tutto ineffabili nella gloria del paradiso.

Gesù è la verità che risuona nella nostra coscienza e si rispecchia nello spirito del credente, Gesù è la vita divina alla quale sono chiamati a partecipare tutti gli uomini: entrando in comunione con lui, nello Spirito Santo, si diviene suoi fratelli e figli del Padre. Questo è il programma che tutti gli uomini sono chiamati a realizzare, per conseguire la loro salvezza; un programma che ha per ogni uomo delle connotazioni diverse: connotazioni che derivano dal cammino specifico che ognuno deve percorrere.

Questo cammino specifico rappresenta il percorso più sicuro e più pieno della propria salvezza; nello stesso tempo, concorre liberamente alla realizzazione del più ampio disegno universale di salvezza, che riguarda tutti gli uomini e il cui artefice è Dio Padre, attraverso il Figlio e nello Spirito Santo. Si tratta di un cammino specifico, riguardo al quale Dio ha dotato ogni uomo di doni particolari: fisici, materiali e spirituali. Ma non solo, Dio ha anche preparato un particolare campo di spazio e di tempo: un contesto storico in cui le difficoltà relazionali sono commisurate alle sue forze, e in cui Dio ha già predisposto le azioni che ciascuno di noi è chiamato liberamente a compiere (cfr. Ef 2,10).

Tutto questo richiede la nostra collaborazione, nella ricerca e nell'attuazione della volontà di Dio, il quale vuole che noi facciamo per il nostro bene ciò che noi stessi faremmo, se fossimo liberi da ciò che appesantisce e dal peccato. Per fare questo, abbiamo a disposizione un tempo limitato; abbiamo tempo fino al momento della nostra morte corporale, dopodiché non si avrà più la possibilità di modificare l'opzione fondamentale presente nel nostro cuore. Solamente se tale opzione è rivolta verso Dio, avremo la felicità eterna alla sua presenza: Dio che conosce le intenzioni dei cuori, giudicherà ogni uomo con imparzialità e renderà a ciascuno secondo le sue opere (cfr. Rm 2,1ss).

E siccome non sappiamo quando arriverà il momento della nostra morte, perché essa arriverà all'improvviso, nel momento in cui meno ce l'aspettiamo, dobbiamo stare sempre preparati, vigilanti (cfr. Lc 12,35-38), combattendo continuamente, con l'aiuto di Dio, contro il peccato e contro il diavolo.

Questo aiuto ci viene dato da Dio Padre attraverso Gesù, che opera con la potenza dello Spirito Santo: Gesù, il Figlio di Dio, è l'uomo perfetto, l'uomo nuovo in cui la vita divina si è già realizzata e pienamente; egli è la causa esemplare della nostra salvezza ma ne è pure la causa efficace, non solo di quella oggettiva ma anche di quella soggettiva.

Gesù è morto sulla croce per noi, e ora, come Buon Pastore, si prende cura di tutti gli uomini e di ogni uomo: egli soprattutto è alla ricerca dell'uomo smarrito nel peccato (cfr. Mt 18,12-14), ma sta vicino anche a coloro che vivono in comunione con lui, per sviluppare e difendere la loro salvezza (cfr. Gv 10,11-18); egli ci procura il nutrimento di cui abbiamo bisogno, ed è il nostro scudo contro gli assalti del male.

La parabola del seminatore (cfr. Mt 13,1-23), nella quale viene pure insegnato che la salvezza può essere rifiutata, e può raggiungere gradi diversi di realizzazione, a seconda della nostra collaborazione, ci mostra le cause che ci possono distogliere dal camminare nella via del Signore: la sofferenza della prova e la seduzione del piacere, che ci inducono a stabilire da noi stessi le leggi delle cose create e del nostro agire morale, e dunque a metterci contro la verità e contro Dio (cfr. *CCC*, 396c).

Perciò, come dice San Paolo, si tratta di lottare con la forza dello Spirito contro i desideri della carne (cfr. Gal 5,16); in maniera più dettagliata si tratta di lottare, come dice San Giovanni, contro il desiderio sproporzionato dei beni materiali, la ricerca di un'ambigua gloria umana, e la pretesa di mettersi al di sopra di tutti, anche di Dio, e di metterli al servizio dei propri interessi (cfr. 1Gv 2,15-16).

Si tratta delle tentazioni comuni ad ogni uomo, e subite anche da Gesù, tra l'altro nella circostanza prossima all'inizio del suo ministero apostolico (cfr. Mt 4,1-11); Gesù, infatti, «[...] è stato messo alla prova in ogni cosa come noi, escluso il peccato» (Eb 4,16c): egli non ha vissuto in sé stesso né lo squilibrio interiore né il compiacimento per il male che derivano dalla concupiscenza, ma ne ha vissuto le tensioni.

In questo episodio descritto da San Matteo, possiamo rilevare non soltanto le cause della tentazione, ma anche gli ambiti in cui la tentazione avviene; ambiti che i coinvolgono tutte e quattro le relazioni di cui stiamo parlando: le relazioni con le cose create, con gli uomini e con Dio, ma implicitamente anche le relazioni intrapersonali.

Infatti, interrompere il digiuno avrebbe significato rinunciare all'unità e al bene superiore della persona; avrebbe ancora significato agire contro la verità della propria coscienza e del proprio cuore: cosa che peraltro avviene anche quando si infrange la correttezza delle altre relazioni.

L'uomo, in effetti, trova il suo benessere quando realizza una relazione nella verità e nell'amore con Dio, con sé stessi, gli uomini e le cose create. La tentazione ci illude, e ci fa balenare che il nostro bene sia nell'avere piuttosto che nell'essere, ma essa, quando viene consumata nel peccato, genera il disfacimento dell'armonia nella quale ogni essere è chiamato a vivere (cfr. *CCC*, 340). Bisogna dunque combattere contro il peccato: Gesù supera le tentazioni con il sostegno dello Spirito Santo, e ricorrendo alla Sacra Scrittura; anche noi, se vogliamo superare le tentazioni dobbiamo vivere in stato di grazia, così che possiamo agire con la potenza e la sapienza dello Spirito Santo, e possiamo lasciarci guidare dalla Parola di Dio.

Ma la nostra lotta non è soltanto contro il peccato: come già si rileva nell'episodio delle tentazioni di Gesù, noi dobbiamo lottare anche contro il diavolo, che agisce pure con la collaborazione consapevole o inconsapevole delle persone che vivono nel male; ci dice San Pietro che il «[... il diavolo, come leone ruggente va in giro, cercando chi divorare» (1Pt 5,8c).

Anche San Paolo parla delle insidie del diavolo e degli spiriti del male, e della battaglia che dobbiamo sostenere per resistere a tali insidie; una battaglia nella quale dobbiamo rivestirci dell'armatura di Dio: bisogna cioè vivere nella verità e nella giustizia, nella fede e nello zelo a propagare il vangelo della salvezza, nel farsi guidare e sostenere dalla parola di Dio e dalla preghiera (cfr. Ef 6,11-18).

Dunque, sulle orme di Gesù Cristo, camminiamo con perseveranza e con viva speranza per realizzare la nostra salvezza: «Egli, di fronte alla gioia che gli era posta dinanzi, si sottopose alla croce, disprezzando il disonore, e siede alla destra del trono di Dio» (Eb 12,2).

APPENDICE

All'inizio del quarto capitolo, viene affermato che i contenuti dello Statuto, del Regolamento e delle Disposizioni, danno la possibilità di conoscere più che sufficientemente il carisma di comunità dell'Associazione Clericale della Famiglia Missionaria San Nicodemo; allo stesso tempo, viene affermato che il senso e l'interpretazione dei contenuti stessi, possono essere resi ancora più chiari dalle lettere e dagli scritti del Fondatore oltre che dalla storia della Comunità.

Pertanto, al fine di offrire una migliore conoscenza del carisma nicodemìno, vengono di seguito riportati, in successione, uno scritto del Fondatore, lo stralcio di una Disposizione e un passo dello Statuto, relativo ad un tema che nella stesura del libro è stato soltanto accennato.

Lo scritto del Fondatore si riferisce ad una riflessione sul Vangelo di Marco proposta ai confratelli nel sacerdozio, in occasione di un ritiro spirituale del Clero della Diocesi di Lamezia Terme, nell'anno 2007. Lo stralcio della Disposizione fa delle precisazioni ai membri della comunità nicodemìna per una partecipazione cosciente e responsabile alla propria vita religiosa. Il passo dello Statuto si riferisce ai rapporti tra i membri dell'Associazione Clericale della Famiglia San Nicodemo e quelli delle corrispondenti Associazioni della stessa Famiglia che si dovessero costituire, e che riguardano una comunità religiosa femminile ed una comunità di terziari.

–.1 Riflessione sul Vangelo di Marco

Ognuno di noi certamente ha fede, ognuno di noi ha abbastanza fede per riconoscere in Gesù di Nazareth il Figlio di Dio, che si è fatto uomo per la nostra salvezza. Detto questo, però, dobbiamo tutti riconoscere, certamente in gradazioni diverse, che la dimensione confessionale della nostra fede, i contenuti della fede da noi conosciuti sono alquanto limitati, sia nell'estensione sia nella profondità; inoltre, talvolta questi contenuti sono organizzati gerarchicamente in modo confuso o improprio sì che ci sfugge, almeno dal punto di vista esistenziale, ciò che è più importante per la nostra vita.

a) *Vita di sofferenza e di mortificazione*

Ci sfugge, come prima norma del nostro agire, che Dio ci ha creato per renderci partecipi della sua vita beata, e che per raggiungere questo obiettivo, dobbiamo essere pronti finanche a sacrificare la nostra vita. E così, quando del tutto non siamo distolti da altri obiettivi, che determinano come idoli la nostra vita, avviene che ricusiamo la mortificazione; e cerchiamo di sfuggire il pericolo di morire, dimenticando che non possiamo essere veri cristiani, e, di più, non possiamo essere veri sacerdoti se abbiamo paura della morte. È l'atteggiamento ancora immaturo di Pietro, di cui abbiamo sentito nel brano del Vangelo di Marco appena ascoltato, che mostra scandalo per la passione e morte che Gesù annuncia riguardo a sé stesso (cfr. Mc 8,27-33).

Il nostro atteggiamento dovrebbe essere, invece, quello descritto e vissuto da San Paolo, un San Paolo cristianamente maturo, un atteggiamento che l'Apostolo stesso ci esorta ad imitare. Dice l'apostolo Paolo: «Ritengo infatti che Dio abbia messo noi, gli apostoli, all'ultimo posto, come condannati a morte, poiché siamo diventati spettacolo al mondo, agli angeli e agli uomini. Noi stolti a causa di Cristo, voi sapienti in Cristo; noi deboli, voi forti; voi onorati, noi disprezzati. Fino a questo momento soffriamo la fame, la sete, la nudità, veniamo percossi, andiamo vagando di luogo in luogo, ci affatichiamo lavorando con le nostre mani. Insultati, benediciamo; perseguitati, sopportiamo; calunniati, confortiamo; siamo diventati come la spazzatura del mondo, il rifiuto di tutti, fino ad oggi» (1Cor 4,9-13).

È un atteggiamento che è necessario per ogni cristiano ma soprattutto per ogni sacerdote, apostolicamente impegnato – come dice il *Direttorio per il ministero e la vita dei presbiteri* – a unire tutti gli uomini in Cristo, nella sua Chiesa. Vale in modo particolare per ogni sacerdote che opera in Calabria, il quale deve essere pronto a diventare pietra di scandalo e, facendo leva sulla virtù della fortezza (cfr. *CCC*, 1808), ad abbracciare la croce; ciò è necessario, se si vuole rinnovare dalle radici una cultura che è antievangelica e costruire nuovi cieli e nuova terra: come è stato affermato al recente convegno – 26 e 27 gennaio 2007 – organizzato dalla *Caritas* regionale a Falerna Lido.

È un atteggiamento che è conforme a quello di Cristo, il quale peraltro, non dimentichiamolo, è colui che continua ad operare insieme con l'apostolo e vuole attraverso l'apostolo manifestare i suoi sentimenti e la sua azione; ciascuno di noi, come San Paolo, in tutta la sua azione pastorale dovrebbe poter dire: «Sono stato crocifisso con Cristo e non vivo più io, ma Cristo vive in me» (Gal 2,19c-20a).

Naturalmente, come quest'ultima citazione mette in evidenza, un'azione pastorale così fatta, è possibile soltanto se parte da una vita cristiana che ricerca e vive la santità in tutti gli altri aspetti e in tutti gli altri momenti del proprio esistere: c'è necessita di una vita spirituale intensa, di una vita di comunione nello Spirito Santo con Gesù e attraverso Gesù con il Padre; una vita tesa perciò a ricercare e fare la sua volontà, e a compiacersi nel fare la sua volontà, stante che la realizzazione in noi della volontà del Padre ci rende liberi (cfr. Gv 8,32c) e felici (cfr. Gc 1,25).

b) ***Vita di pace e di gioia***

In effetti, la vita cristiana non è una vita soltanto di prove e di persecuzioni ma, allo stesso tempo, anche una vita di consolazioni (cfr. *CCC*, 769; 1808); la vita cristiana è una vita di pace, serenità e gioia, anche nel momento del dolore: essa si deve sempre aprire alla speranza, perché la sofferenza e la morte non sono mai l'ultima parola nella vita dell'uomo che vive in Cristo.

Paradigmatiche sono le parole di Gesù nel Vangelo di Marco: «In verità io vi dico: non c'è nessuno che abbia lasciato casa o fratelli o sorelle o madre o padre o figli o campi per causa mia e per causa del Vangelo, che non riceva già ora, in questo tempo, cento volte tanto in case e fratelli e sorelle e madri e figli e campi, insieme a persecuzioni, e la vita eterna nel tempo che verrà» (Mc 10,29c-30).

Quando si parla di consolazioni, certamente si parla di quelle sane ed anche moderate, si parla di consolazioni che vengono da Dio ma non che passino necessariamente attraverso gli uomini. Nel Catechismo della Chiesa Cattolica si parla di alcune consolazioni alle quali noi possiamo attingere a piene mani: si tratta delle consolazioni che conseguono alla contemplazione della presenza di Gesù e alla contemplazione della vita di Maria, come può avvenire rispettivamente nell'adorazione Eucaristica e nella preghiera del Santo Rosario (cfr. *CCC*, 972; 1083).

Si parla ancora, nel Catechismo della Chiesa Cattolica della consolazione che si riceve nel sacramento della Confessione, dove conseguiamo pure la pace e la serenità della coscienza; la pace viene ancora indicata come frutto della carità che è anche generatrice di gioia (cfr. *CCC*, 1468). La gioia viene ancora generata dalla speranza, anche nella prova (cfr. *CCC*, 1820). Ancora, la pace ed insieme la gioia sono il frutto della vita nuova, della vita nello spirito delle beatitudini (cfr. *CCC*, 2015).

Dunque, la gioia e la pace sono, in ultima istanza, frutto dell'accoglienza libera e responsabile della nostra vita secondo il dono di Dio, che include come prima necessità la partecipazione alla vita beata di Dio, oggi nella fede e nella speranza, e domani nella visione. E siccome la vita beata di Dio, si espande in tutti i fratelli che sono in comunione con lui, ed ha un riflesso nella creazione; noi dobbiamo e possiamo ritrovare la nostra gioia, anche nella comunione con i fratelli che vivono la fede, come pure nell'ammirazione di tutto ciò che riflette la bellezza di Dio.

Siamo dunque chiamati a vivere nella pace, nella gioia, e nella serenità, sempre e in tutti gli aspetti del nostro vivere, se sappiamo però conservarci alla presenza del Signore e nella sua amicizia. Purtroppo, il nostro peccato può anche distruggere questa amicizia, così come le nostre imperfezioni la possono offuscare. Ma quando restiamo nella comunione dello Spirito Santo e nella misura del dono ricevuto e attuato, ognuno di noi può far proprio il rapporto di Gesù con il Padre e con tutto quanto è espansione della sua gloria, che nel libro dei Proverbi così viene espresso: «[…] ero la sua delizia ogni giorno: giocavo davanti a lui in ogni istante, giocavo sul globo terrestre, ponendo le mie delizie tra i figli dell'uomo» (Pr 8,30c-31).

–.2 PRECISAZIONI SULLO STATUTO E IL REGOLAMENTO

Le Disposizioni, come risulta scritto nelle Costituzioni della Famiglia Missionaria San Nicodemo, sono emanate dalle autorità Comunitarie competenti per esplicitare o rendere operativo tutto ciò che viene stabilito in dette Costituzioni, e hanno il loro stesso valore obbligante.

Qui di seguito viene riportato lo stralcio di una di queste Disposizioni, che chiarisce e puntualizza alcuni aspetti della vita e della missione della comunità nicodemìna, al fine di favorire nei suoi membri una partecipazione sempre più consapevole e responsabile.

a) *Vita comunitaria*

C'è da rilevare che ogni persona, con il tempo, sviluppa una propria modalità di concepire le relazioni tra gli uomini e, parimenti, una propria modalità di concepire la santità, a partire dalle proprie conoscenze, dalle esperienze vissute, e dall'impegno al riguardo profuso. Una enfatizzazione di tali modalità, potrebbe portare al rifiuto, da parte di un Frate, di apprezzare i confratelli – dunque anche l'autorità Comunitaria – anche quando essi si sforzano di comportarsi correttamente, perché essi seguono delle modalità diverse da quelle maturate dal Frate stesso.

Inoltre, potrebbe avvenire di non tenere presente – comunque non abbastanza e non sempre – che tutti ci muoviamo nell'orizzonte dei differenti nostri limiti e delle differenti nostre fragilità, dimenticando che diversi sono i doni di ognuno e diversamente si è risposto a tali doni; di non tenere presente, ancora, che differenti sono i tempi di maturazione di ciascuno come anche è differente la maturità da ciascuno realizzata. Tutte queste problematiche, qualora non vengano adeguatamente considerate e affrontate, potrebbero portare ad una mancata integrazione tra i membri che vivono nella comunità nicodemìna; ciò avverrebbe se non dovesse essere abbastanza presente nella persona il valore della carità, che esige di essere indirizzata verso la comunione e che implica certamente la verità e la giustizia, ma che passa per l'umiltà e lo spirito di sacrificio.

Questo valore della carità, come quelli della saggezza e della fiducia nella Provvidenza Divina, è soprattutto necessario per vivere in una comunità religiosa, particolarmente in una comunità religiosa nascente. Essa è una realtà assimilabile a quella di un bambino in tutte le sue articolazioni, mancante di esperienza e povero di forze: ne deriva che non si potrebbe restare in Comunità se ci fosse l'aspettativa di trovare la perfezione nei membri della Comunità così come nella struttura e nell'azione della Comunità.

Al riguardo si ritiene opportuno ricordare qui di seguito, riprendendo anche degli elementi appena menzionati, gli aspetti salienti della vita comunitaria nicodemìna. Si sottolinea innanzi tutto il valore della carità che implica quelli della verità, della giustizia, del sacrificio, della comunione e dell'umiltà; si vuole inoltre sottolineare il valore della semplicità, che deve essere certamente accompagnata dalla saggezza: si deve però respingere ogni forma di doppiezza.

Si vuole, ancora, mettere l'accento sull'uguaglianza: però si fa notare che essa cammina sempre insieme con l'ubbidienza all'autorità Comunitaria. Si deve vivere secondo coscienza e secondo la legge, amando la giustizia e la legalità; ma si mette in evidenza che il diritto è al servizio della carità, e che la voce della coscienza trova la sua sintesi e la sua base nella voce di Dio che è carità: questo ci dà pace, perché ci aiuta ad amare e ad incontrarci con gli altri e con noi stessi, come Dio vuole.

La persona che vive in Comunità si deve chiedere sinceramente se ama una vita religiosa nella quale ed attraverso la quale, ricercando di meglio in meglio la comunione personale con Gesù, si deve perseguire la propria santità personale, cooperare per quella della Comunità e degli altri membri della Comunità, agire per conto della Comunità e della Chiesa perché ogni uomo possa salvarsi e meglio salvarsi.

Si deve avere amore a conformarsi al nostro Signore Gesù Cristo e dunque di conformarsi nel tempo come religioso – eventualmente anche come presbitero – della

Famiglia San Nicodemo. Si tratta di una vocazione profonda di amore verso Dio e verso gli uomini, che comporta la pace e la gioia, e anche la fiducia verso Dio Padre nei momenti del dolore e della croce.

b) ***Sede comunitaria dei Frati***

Ogni membro effettivo dell'Associazione fa parte della Provincia alla quale è stato aggregato. L'aggregazione avviene o per l'assegnazione di un nuovo membro effettivo dell'Associazione ad una Provincia o per lo spostamento di un membro effettivo da una Provincia ad un'altra, decisi dal Superiore Generale col voto deliberativo del suo Consiglio, sentiti i Superiori Provinciali interessati.

È chiaro che ogni membro della Famiglia San Nicodemo può chiedere e può ottenere – quando e se la cosa è possibile a giudizio dell'autorità Comunitaria competente – di essere assegnato ad una Casa qualsiasi della Famiglia stessa, ma non bisogna pensare tuttavia che, una volta diventato prete o religioso di voti definitivi, si deve necessariamente chiedere e ottenere di stabilirsi nei Paesi sviluppati, come lo sono i Paesi occidentali attualmente: in tal modo si dimenticherebbe che il proprio bene è innanzitutto la salute della propria anima, e che la conversione degli uomini è soprattutto opera di Dio e che essa passa anche attraverso la corrispondenza libera alla vocazione di Dio.

In effetti è accaduto, nel recente passato, che molti religiosi e religiose hanno ottenuto tale spostamento, ma purtroppo è avvenuto che una buona parte di essi abbia abbandonato la vita consacrata, al punto che le regole ecclesiali di spostamento sono diventate più strette. Per lo più è accaduto che i consacrati si siano lasciati attrarre delle seduzioni del mondo – che sono più luccicanti per alcuni aspetti nei Paesi sviluppati – ed hanno abbandonato la strada più sicura e più piena della loro salvezza.

È bene dunque che si faccia un discernimento vocazionale sano e sereno, sia da parte della Persona che vuole abbracciare la vita religiosa sia da parte dell'autorità

Comunitaria incaricata per l'ammissione a questa vita religiosa. Si deve sempre ricordare che la vita consacrata è per la propria santificazione e non per la propria elevazione sociale, che essa comprende la dimensione della mortificazione e della croce e che si impegna a combattere tutto ciò che c'è nel mondo: la concupiscenza della carne, la concupiscenza degli occhi, la superbia della vita (cfr. 1Gv 2,15-16).

D'altra parte, la Famiglia Missionaria San Nicodemo deve applicarsi affinché ci sia un numero equo di preti e di religiosi nella Diocesi di Luebo, nella quale la Famiglia stessa è nata, anche se nello stesso tempo deve applicarsi, dunque anche con la sua presenza e nella misura che è possibile, per il benessere integrale di ogni uomo che vive in ogni altra parte della terra.

Con questo non si vuole escludere la possibilità del proprio spostamento in un Paese sviluppato, ma questo deve accadere solamente se è nella volontà di Dio e dunque per il proprio bene e quello di tutti gli uomini, ricordando che la volontà di Dio passa attraverso la volontà dei Superiori e attraverso la volontà della Santa Chiesa.

È ancora opportuno ricordare che il Signore, un giorno, non solo permetta ma di più voglia questo spostamento: in ogni caso deve essere chiaro che dovunque si vada c'è la croce, e che molte volte la croce che si incontra in un altro luogo, può essere più grande di quella che si viveva prima.

c) *Discernimento vocazionale*

Le Costituzioni stabiliscono che, per essere ammesso al Probandato, l'interessato deve avere una buona salute, carattere adeguato e sufficienti qualità di maturità per assumere il genere di vita proprio dell'Associazione; in particolare egli dovrà manifestare di volere vivere la fede cristiana e di volerla vivere nella vita religiosa.

Vengono anche stabilite le tappe della formazione, e della verifica relativa, che bisogna percorrere per essere ammesso al Noviziato, alla prima Professione religiosa e, progressivamente, alle altre Professioni religiose temporanee e, infine, alla Professione religiosa definitiva.

Al riguardo dell'ammissione al Noviziato, in particolare bisogna verificare se nel Probando c'è una ricerca del Signore e dunque se, dal suo comportamento esteriore, risulta che egli si dedica alla preghiera e frequenta i sacramenti. Bisogna verificare ancora se il Probando ricerca sinceramente il Signore, anche attraverso la conoscenza della sua Parola e attraverso il riconoscimento della sua Persona nelle relazioni con gli altri, cercando così di vivere alla sua presenza e di piacergli in tutto.

Ancora, bisogna verificare se il Probando è disponibile ad accettare le decisioni dei Superiori, anche quando sono diverse dalle sue aspettative. Bisogna ancora verificare se è rispettoso, umile e sereno in relazione al voto di povertà, o se aspira, al contrario, a vivere secondo modelli umani di prestigio, di comodità e di preminenza sugli altri. La vita religiosa è sì la via della santificazione ma anche la via della croce, non della gloria, non della ricchezza, non del potere e della sufficienza. È chiaro che se questi valori sono richiesti ai Probandi, necessariamente essi sono richiesti anche ai Novizi e a tutti i Frati, e in un modo più maturo e responsabile.

Si deve tenere conto della possibilità che la persona, attraverso la prova di verifica, possa manifestare di non avere il carisma per aderire alla Famiglia Missionario San Nicodemo, e questo per la valutazione del Candidato come per la valutazione dell'autorità Comunitaria. Difatti la verifica non deve essere fatta solamente da parte dei Superiori ma anche da parte della Persona che sta facendo la prova; la volontà di Dio passa attraverso l'apporto degli elementi di giudizio delle due parti: attraverso la decisione della Persona che sta facendo la prova e, solo successivamente, attraverso il giudizio finale dell'autorità Comunitaria competente, chiamata a confermare o meno tale decisione, evidentemente nel caso che essa sia stata positiva.

Tutto questo vale per entrare in Noviziato, ma anche per superare gli anni di prova e per essere ammessi alla Professione religiosa definitiva. Al riguardo si deve tenere presente che l'eventuale ammissione definitiva alla vita religiosa, da parte dell'autorità comunitaria nicodemìna, non include il riconoscimento che il Candidato abbia la vocazione per fare il prete e per farlo per conto della Comunità. Si precisa che, per diventare prete, è necessaria la verifica e la decisione da parte del Vescovo.

d) *Vocazione personale nella Comunità*

Lo Statuto della Famiglia San Nicodemo, fin dall'inizio, afferma che la Comunità è formata da laici e chierici, e che essi hanno una eguale dignità e sono chiamati a vivere tra loro un rapporto familiare.

Lo stesso Statuto prevede che alcuni Frati possano svolgere il lavoro come principale espressione del loro apostolato, e che essi possono rivestire anche importanti incarichi direttivi, quali sono gli incarichi di Economo, di Segretario e Consigliere anche all'interno della Direzione generale.

Tutto ciò viene affermato per far comprendere che una persona può essere chiamata dal Signore a vivere in tutta dignità, e con pieno profitto, nella Famiglia Missionaria San Nicodemo, anche come religioso laico, non necessariamente come religioso chierico.

Pertanto, è necessario che tutte le persone che entrano a far parte della Famiglia San Nicodemo, come anche quelle che ne sono già membri, siano consapevoli che non devono diventare necessariamente sacerdoti. Per diventare preti bisogna averne le attitudini, sia intellettuali sia spirituali, e queste attitudini vanno riscontrate attraverso il superamento dei corsi di studio, almeno ordinariamente, e attraverso la valutazione del Vescovo, e, per fare il sacerdote per conto della comunità nicodemìna, attraverso la valutazione dell'autorità competente della stessa Comunità.

Se dovesse risultare, nel cammino di formazione e di verifica, che un Frate non avesse le attitudini richieste dal Vescovo per il sacerdozio, il Frate stesso, in accordo con l'autorità Comunitaria competente, potrebbe ugualmente restare nella vita religiosa Comunitaria e riorientarsi verso un altro campo della vita della Chiesa, in cui potrà realizzarsi pienamente e aiutare e la Comunità e la Chiesa.

Si tratta di amare e fare la volontà di Dio, che passa anche attraverso la volontà dei Superiori e attraverso la volontà della Santa Chiesa: il Signore ci colloca in un certo luogo e in un certo momento, per realizzare attraverso la nostra libera corrispondenza la nostra salvezza e concorrere al suo disegno universale di salvezza. Più collaboriamo a questo suo programma, più amiamo secondo la sua volontà, più saremo conformi al progetto di bene che Dio ha in mente per ciascuno di noi.

e) *Aspetti della vita economica*

Nello Statuto è previsto che si possano aiutare i membri stretti della propria famiglia nei loro bisogni materiali urgenti: risulta chiaro che si tratta dei familiari stretti e non di tutti i familiari. Risulta ancora chiaro che non si può pensare alla sistemazione economica di tutti i propri familiari stretti o, ancora, che l'aiuto sia dovuto obbligatoriamente. Al contrario, si tratta di aiutare in qualche caso di necessità e solamente quando e nella misura che per la Comunità è possibile.

Ogni Casa, nella misura stabilita dall'autorità Comunitaria competente, deve contribuire secondo un principio di equità alla sussistenza ed alle attività delle altre Case della Famiglia San Nicodemo; tuttavia è necessario che in ogni Casa ci sia la ricerca dell'autonomia economica.

Pertanto, viene chiesto ai membri della Famiglia San Nicodemo l'impegno a collaborare col proprio lavoro per la vita economica della Famiglia stessa, anche se non si deve escludere l'aiuto dei benefattori che la Provvidenza ci manda, talvolta anche per le sollecitazioni che la Comunità fa a tali benefattori.

Al riguardo del lavoro, si specifica che esso si potrà svolgere presso terzi come si potrà svolgere nelle attività che sono gestite dalla Famiglia San Nicodemo.

Al riguardo dei benefattori, essi si possono e si debbono cercare da parte di tutte le Case, accettando il loro regalo con gioia e riconoscenza, anche quando possono dare poco, occasionalmente ed in natura.

Ogni membro della Famiglia San Nicodemo deve sentirsi responsabile del benessere comune dell'Associazione e di ciascuno dei suoi membri.

Dunque, nello spirito dello Statuto che prevede già la possibilità del lavoro nonché di svolgere qualche servizio comunitario di breve durata o a carattere saltuario, ogni membro della Famiglia San Nicodemo, in caso di necessità, deve essere disponibile ad eseguire, come lavoro a tempo pieno, tutti i servizi della casa della Comunità, ivi compreso la preparazione dei pasti e le pulizie.

Inoltre, in caso di necessità, ogni Frate dovrà sospendere il suo legittimo cammino di formazione o di studi, e dovrà impegnarsi invece a tempo pieno nel lavoro, per provvedere almeno alle sue spese personali ed a quelle per il cibo e l'alloggio, di sé stesso e dei confratelli che non potessero lavorare.

Ancora, è possibile che si venga chiamati a fare sacrifici al di là di quanto viene previsto dalla povertà religiosa, e questo a causa delle difficoltà economiche che potrebbero sopraggiungere, al di là di ogni impegno necessario e profuso.

Questo suppone e prova che il Frate che vene accolto in Comunità, è una persona capace di provvedere, con l'aiuto di Dio, al sostentamento della propria vita nonché, potenzialmente, al sostentamento di una famiglia. La vita comunitaria non è un rifugio, né un luogo di assistenza: è invece un luogo che mentre concorre al sostentamento ed alla santificazione della singola persona, chiede a questa un contributo diretto e positivo per il sostentamento e la santificazione degli altri membri della Comunità locale e della Comunità intera, così come, per la propria parte, di ogni uomo e di tutti gli uomini della terra nel loro insieme.

–.3 Associazioni Femminile ed Ecclesiale della Famiglia

Agli inizi della percezione di dover fondare la Famiglia Missionaria San Nicodemo, si era pensato di costituire una unica istituzione: essa avrebbe contemplato al suo interno dei religiosi, delle religiose e dei secolari; successivamente si decise di progettare istituzioni separate, ma esse avrebbero collaborato e potuto condividere dei momenti di vita comunitaria e di missione.

Questo siffatto spirito comunitario fa parte dell'Associazione clericale della Famiglia San Nicodemo, tanto è vero che nel suo Statuto sono previste le modalità di collaborazione e di condivisione – di seguito riportate – con le corrispondenti Associazione religiosa femminile e Associazione di secolari, che si dovessero costituire.

a) *Associazione religiosa femminile*

L'Associazione Clericale si impegna a svolgere le sue attività di apostolato, nel massimo accordo possibile, con la corrispondente Associazione Femminile della Famiglia San Nicodemo, che si dovesse eventualmente costituire. Si impegna altresì a instaurare, con la stessa Associazione Femminile, un rapporto di aiuto reciproco in ogni altro campo della vita e dell'attività Comunitaria, compreso quello economico. Si cercherà inoltre di realizzare, sempre con la stessa Associazione Femminile, dei momenti di vita in comune, ad esempio nella preghiera e nella consumazione dei pasti.

All'uopo, il Superiore Generale fa parte, anche se non ha diritto di voto, del Consiglio Generale e del Capitolo Generale della corrispondente Associazione Femminile della Famiglia San Nicodemo; lo stesso Superiore Generale potrà farsi sostituire in tali riunioni da un suo Confratello delegato, che faccia parte del suo Consiglio Generale. Il detto Superiore Generale – o il suo Delegato – potrà partecipare, alle riunioni dei predetti Consiglio Generale e Capitolo Generale, con l'assistenza di un Confratello. In modo analogo, la Superiora Generale dell'Associazione Femminile della Famiglia San Nicodemo, fa parte del Consiglio Generale e del Capitolo Generale dell'Associazione Clericale della Famiglia San Nicodemo.

b) ***Associazione di secolari***

L'Associazione Clericale svolge le sue attività di apostolato anche con la collaborazione dell'Associazione Ecclesiale della Famiglia San Nicodemo, che si dovesse eventualmente costituire. Il Superiore Generale è responsabile ultimo dell'Associazione Ecclesiale della Famiglia Missionaria San Nicodemo.

Il Superiore Generale, che può agire anche attraverso un suo Delegato, deve seguire con la massima attenzione lo svolgersi della vita e dell'attività della predetta Associazione e deve approvarne i momenti salienti. In particolare, con il voto deliberativo del suo Consiglio, deve approvare: la decisione di ammettere tra i membri effettivi di aggregazione definitiva dell'Associazione; la relazione annuale di verifica e programmazione sull'andamento generale della vita e dell'attività dell'Associazione Ecclesiale, nonché il bilancio economico annuale, consuntivo e preventivo.

Il Superiore Generale, inoltre, deve autorizzare, sempre con il voto deliberativo del suo Consiglio: l'acquisto e la vendita di beni immobili e dei beni mobili registrati, nonché qualunque trasferimento del loro possesso e della loro proprietà; tutte le spese straordinarie non previste nel bilancio economico annuale.

Il Superiore Generale, infine, con il voto collegiale del suo Consiglio, ha la facoltà: di approvare l'elezione del Moderatore Generale e del suo Consiglio; di avviare la procedura per destituire il Moderatore Generale, di propria iniziativa o su proposta del Consiglio dell'Associazione Ecclesiale; di avviare la procedura per l'espulsione dei membri effettivi dell'Associazione Ecclesiale, di propria iniziativa o su proposta del Consiglio dell'Associazione Ecclesiale; di compiere tutti gli atti propri del Moderatore Generale, per motivi gravi ed eccezionali.

I membri maschili dell'Associazione Ecclesiale della Famiglia San Nicodemo, possono condividere temporaneamente la vita comunitaria dell'Associazione Clericale, in specie per l'attuazione di qualche specifica attività dell'Associazione Clericale stessa. I membri femminili della stessa Associazione Ecclesiale possono condividere alcuni momenti della vita comunitaria dell'Associazione Clericale, ad esempio nella preghiera e nella consumazione dei pasti.

ABBREVIAZIONI E DIZIONARI

Come viene indicato nelle "Premesse Metodologiche", vengono riportati degli elenchi che sono di aiuto, o del tutto necessari, per la comprensione e l'utilizzo di quanto viene scritto in questo libro.

In particolare, i primi due elenchi, che prendono il titolo di "Vocabolario" e "Dizionario dei Termini sintetici", riportano delle parole con l'indicazione, a fianco di ciascuna, del loro significato. Nel primo caso, si tratta di parole, semplici o composte, che hanno un significato per lo più non conosciuto o che avrebbero la necessità di essere continuamente spiegate; nel secondo caso si tratta di parole, che vengono fatte iniziare con la lettera maiuscola e intendono sintetizzare una espressione letteraria.

Gli altri tre elenchi sono denominati "Lessico delle Citazioni", "Abbreviazioni dei Testi Ecclesiali" e "Sigle Bibliche": questi elenchi, ciascuno per la loro parte, indicano le modalità e gli elementi che sono stati utilizzati per indicare una citazione e, dunque, permettono di risalire alla sua fonte.

–.1 VOCABOLARIO

✧ articolo • Gruppo di paragrafi.

✧ capitolo • Porzione del testo di un libro; può essere composto solamente da paragrafi, o solamente da articoli, o da paragrafi che sono seguiti da articoli o da sezioni.

✧ carisma comunitario (o di comunità) • Carisma dei membri effettivi di aggregazione definitiva di una comunità religiosa; è l'aspetto teologale del dono: è il dono di Dio non trasmissibile.

— di adesione • Carisma della persona che aderisce ad una comunità religiosa; tale persona ha un carisma personale nel quale è compreso il carisma di comunità.

— di fondazione • Carisma concesso a una persona per la creazione di una comunità religiosa: il carisma viene riconosciuto nella costituzione canonica della comunità; chi ha il carisma di fondazione ha anche il carisma di comunità.

— di geo-fondazione (o gefondazione) • Carisma della persona presente nella comunità religiosa nella circostanza della sua fondazione, come membro ordinario o effettivo di aggregazione temporanea; tale carisma è simile a un terreno, che permette alla comunità costituenda di germogliare.

✧ carità • La carità è la virtù per la quale amiamo Dio sopra ogni cosa e il prossimo come noi stessi. Amando i suoi discepoli fino alla fine, Gesù vive e manifesta la perfezione della carità, propria dell'essere e dell'operare di Dio. Ogni uomo è chiamato ad amare come Gesù ha amato, e ciò avviene attraverso l'accoglienza dei successivi doni di crescita nella carità che vengono elargiti da Dio. Insieme alla giustizia la carità rappresenta i due aspetti della santità.

✧ casa • Struttura abitativa.

✧ comma • S'intende una porzione di testo, formata da uno o più periodi; inizia in una riga diversa da quella del testo che la precede, sia che venga scritta con il rientro sia che venga scritta al vivo.

✧ comunità • Comunità religiosa: istituzione di vita consacrata.

✧ comunitario • Aggettivo di comunità religiosa.

✧ conversione • Si ha la conversione iniziale con il Battesimo, per la quale veniamo giustificati e diventiamo capaci di operare secondo giustizia. Poi si ha una seconda conversione, che dura per tutta la vita, e riguarda il rinnovamento dell'uomo interiore e la possibilità – come limite – di compiere perfettamente ogni giustizia.

✧ fondatore • La persona che ha creato una comunità religiosa, avendo i relativi carisma di fondazione e carisma di comunità.

✧ frate • Membro di una comunità religiosa.

✧ geo-fondatore (o gefondatore) • Persona presente nella comunità religiosa nella circostanza della sua fondazione, come membro ordinario o effettivo di aggregazione temporanea: è simile a un terreno – per il carisma di geo-fondazione ricevuto –, che permette alla comunità costituenda di germogliare.

✧ giustificazione • È l'azione della grazia dello Spirito Santo che nel Battesimo ci perdona, ci allontana dal peccato e ci dà la possibilità di vivere nella giustizia.

✧ giustizia • È il comportamento giusto, riconosciuto come tale da Dio: corrisponde al fare, con l'aiuto della sua grazia, la sua volontà nell'*hic et nunc*; generalmente c'è uno scostamento, causato dalla debolezza e dal disordine interiore, ma anche dalla mancanza di un'adeguata umiltà e di un impegno fattivo.

✧ nicodemìno • Aggettivo di Famiglia Missionaria San Nicodemo.

✧ paragrafo • Porzione di testo composta da uno o più commi; il paragrafo si distingue per il fatto che è isolato – attraverso una riga bianca – dal testo che precede e da quello che segue.

✧ santificazione • Indica il cammino di maturazione dell'uomo in un duplice senso: nel senso di conversione alla giustizia e nel senso di crescita nella carità. In questo libro, il senso che viene attribuito al termine si comprende dal contesto; talvolta indica la conversione alla giustizia, talvolta la crescita nella carità, altre volte entrambi gli aspetti.

✧ santità • La santità è propria dell'essere e dell'operare di Dio, che si è manifestata come culmine nella morte in croce del Figlio. A questa perfezione di santità è chiamato ogni uomo; essa si realizza secondo due direttrici: come conversione alla pienezza della giustizia e come cammino verso la perfezione della carità.

✧ sezione • Frazione del capitolo di un libro: può essere composta solamente da paragrafi, o solamente da articoli, o da paragrafi che sono seguiti da articoli o da sottosezioni.

✧ sottosezione • Frazione di una sezione: può essere composta solamente da paragrafi, o solamente da articoli, o da paragrafi che sono seguiti da articoli.

✧ spiritualità comunitaria (o di comunità) • spiritualità di una comunità religiosa, che comprende tre dimensioni: sponsale, fraterna e ministeriale.

— fraterna • In senso stretto è la spiritualità presente nella vita di comunità: la spiritualità che si vive nelle relazioni fraterne, al di là dei servizi che in essa vengono prestati; in senso pieno, riguarda anche le relazioni fraterne che si vivono al di fuori della casa della comunità, anche per motivi di apostolato: al di là dello svolgimento di un ministero, si rimane fratelli (cfr. Mt 23,8-10).

— ministeriale • In senso stretto è la spiritualità che si vive nel servizio di apostolato, prestato alle persone che non siano membri della comunità: tale servizio si realizza non solo con la parola, ma anche con la testimonianza, la preghiera e la penitenza; questa spiritualità, in senso pieno, si vive anche nei servizi prestati, a qualsiasi titolo, a favore dei membri della comunità.

— sponsale • Spiritualità che si vive nello "stare" con Gesù, e in Gesù con lo Spirito Santo e con Dio Padre.

–.2 Dizionario dei Termini sintetici

✧ Aspirante • Persona che intende diventare frate nicodemìno.

✧ Associazione • Famiglia Missionaria San Nicodemo - Associazione Clericale.

✧ Casa • Indica una porzione della comunità religiosa nicodemìna.

✧ Comunità • Famiglia Missionaria San Nicodemo - Associazione Clericale.

✧ Comunitario • Aggettivo di comunità nicodemìna.

✧ Costituzioni • Statuto e Regolamento della comunità nicodemìna.

✧ Disposizioni • Disposizioni nicodemìne: esse esplicitano lo Statuto e il Regolamento, e hanno il loro stesso valore obbligante.

✧ Famiglia • Famiglia Missionaria San Nicodemo - Associazione Clericale.

✧ Fondatore • Il frate fondatore della comunità nicodemìna.

✧ Fondazione • Fondazione della comunità nicodemìna.

✧ Frate • Membro nicodemìno, provvisorio o definitivo.

✧ Nicodemìno • Membro della comunità nicodemìna, provvisorio o definitivo.

✧ Regolamento • Regolamento nicodemìno.

✧ Statuto • Statuto nicodemìno.

–.3 Lessico delle Citazioni

a) *Lettere e sigle alfabetiche*

a ◦ b ◦ c • Lettere poste dopo un numero: vogliono indicare la sezione – non necessariamente tutta la sezione – di un versetto o di un paragrafo, in cui è contenuta la citazione; indicano rispettivamente la sezione iniziale, quella centrale e quella finale. Di seguito, in successione, si riportano gli esempi corrispondenti: (cfr. Mt 16,18a), (Lc 5,8b), (cfr. *Christifideles Laici*, 8c).

cfr. • Confronta: si usa nel caso di una citazione generica; quando questa sigla non compare, significa che si tratta di una citazione testuale. Di seguito, in successione, si riportano un esempio di citazione testuale e uno di citazione generica: (Mc 10,52), (cfr. Eb 5,8).

ss • Sigla posta dopo un numero; si tratta di una citazione generica e indica i versetti che seguono il numero indicato: bisogna leggerne quanti sono necessari per riscontrare il motivo della citazione. Esempio: (cfr. Rm 2,1ss).

b) *Segni di interpunzione*

( ) • Parentesi tonde, in cui vengono inseriti gli estremi di una citazione. Esempio: (cfr. Is 6,1-8).

[…] • Puntini sospensivi: si scrivono all'inizio per indicare che manca la parte iniziale di una frase citata. Esempio: «[…] chiamò a sé i suoi discepoli e ne scelse dodici, ai quali diede anche il nome di apostoli: Simone, al quale diede anche il nome Pietro» (Lc 6,13c-14a).

« » • Virgolette italiane: le citazioni testuali vengono fatte tra virgolette italiane. Esempio: «Non è esagerato dire che l'intera esistenza del fedele laico ha lo scopo di portarlo a conoscere la radicale novità cristiana che deriva dal

Battesimo, sacramento della fede, perché possa viverne gli impegni secondo la vocazione ricevuta da Dio» (*Christifideles Laici*, 10a).

" " • Virgolette inglesi: vengono usate all'interno delle virgolette italiane, quando appaiono altre virgolette. Esempio: «E lapidavano Stefano, che pregava e diceva: "Signore Gesù, accogli il mio spirito". Poi piegò le ginocchia e gridò a gran voce: "Signore, non imputare loro questo peccato". Detto questo, morì» (At 7,59-60).

c) *Citazione di un testo biblico*

(Dt 12,28) • Esempio di citazione di un versetto della Bibbia. Tra parentesi tonde, in successione, viene posta la sigla che indica il libro della Bibbia – in tal caso il libro del Deuteronomio – e poi l'indicazione di due numeri divisi da una virgola: il primo rappresenta il capitolo del libro citato, mentre il secondo numero indica il versetto del capitolo stesso.

d) *Citazione di un testo ecclesiale*

(cfr. *Veritatis Splendor*, 42a) • Esempio di citazione di una pubblicazione ecclesiale. È simile alla citazione di un versetto biblico, ma ci sono delle differenze: invece della sigla si pone l'abbreviazione della pubblicazione citata; prima del numero si pone una virgola; il numero non si riferisce a un versetto, ma a un paragrafo oppure ad un canone, nel caso di citazione del Codice di Diritto Canonico.

(*CCC*, 27a) • Esempio di citazione del Catechismo della Chiesa Cattolica.

(*CIC*, 599) • Esempio di citazione del Codice di Diritto Canonico.

(cfr. *Lumen Gentium*, 12b) • Esempio di citazione di un documento del Concilio Vaticano II.

(cfr. *Sollicitudo Rei Socialis*, 48c) • Esempio di citazione di un documento del Magistero del Papa.

e) ***Citazioni particolari***

(cfr. Mt 13,1-23) • Citazione di più versetti della Bibbia: non ci si riferisce solo al primo versetto, ma a tutti quelli indicati dall'insieme che li rappresenta; nell'esempio riportato il riferimento è a tutti i versetti che vanno dall'1 al 23.

(cfr. Fil 3,12; 1Cor 4,4) • Citazione simultanea di più riferimenti. Quando la citazione è generica, può accadere che si debbano indicare più riferimenti; in tal caso le due citazioni vengono separate da un punto e virgola, e davanti al secondo riferimento non si mette la sigla "cfr.".

(cfr. Mt 4,18-22; 19,12; Lc 14,25-27) • Citazione simultanea di più riferimenti. Quando si susseguono due citazioni che si riferiscono allo stesso libro, nella seconda citazione l'indicazione di quel libro viene omessa.

–.4 ABBREVIAZIONI DEI TESTI ECCLESIALI

Ad Gentes • CONCILIO VATICANO II, Decreto sull'attività missionaria della Chiesa.

CCC • CATECHISMO DELLA CHIESA CATTOLICA.

Centesimus Annus • GIOVANNI PAOLO II, Lettera enciclica (1° maggio 1991).

CIC • CODICE DI DIRITTO CANONICO.

Christifideles Laici • GIOVANNI PAOLO II, Esortazione apostolica post-sinodale sulla vocazione e missione dei laici nel mondo (30 dicembre 1988).

Gaudium et Spes • CONCILIO VATICANO II, Costituzione pastorale sulla chiesa nel mondo contemporaneo.

Grazia e Imperativo • GIOVANNI PAOLO II, Udienza Generale (10 agosto 1983).

Lumen Gentium • CONCILIO VATICANO II, Costituzione dogmatica sulla chiesa.

Sollicitudo Rei Socialis • GIOVANNI PAOLO II, Lettera enciclica (30 dicembre 1987).

Veritatis Splendor • GIOVANNI PAOLO II, Lettera enciclica (6 agosto 1993).

Vita Consecrata • GIOVANNI PAOLO II, Esortazione apostolica post-sinodale (25 marzo 1996).

Nota

Per le pubblicazioni Ecclesiali sopra indicate, si è fatto riferimento ai testi riportati sul Sito Web della Santa Sede.

–.5 Sigle Bibliche

At • Atti degli Apostoli
1Cor • Prima lettera ai Corinzi
2Cor • Seconda lettera ai Corinzi
Dt • Libro del Deuteronomio
Eb • Lettera agli Ebrei
Ef • Lettera agli Efesini
Fil • Lettera ai Filippesi
Gal • Lettera ai Galati
Gb • Libro di Giobbe
Gc • Lettera di Giacomo
Gv • Vangelo secondo Giovanni
1Gv • Prima lettera di Giovanni
Is • Libro del profeta Isaia
Lc • Vangelo secondo Luca
Lv • Libro del Levitico
Mc • Vangelo secondo Marco
Mt • Vangelo secondo Matteo
Pr • Libro dei Proverbi
1Pt • Prima lettera di Pietro
2Pt • Seconda lettera di Pietro
Rm • Lettera ai Romani
Sap • Libro della Sapienza

Nota

Per i libri della Bibbia sopra indicati, si è fatto riferimento ai testi riportati sul Sito Web della Conferenza Episcopale Italiana.

INDICE

Printed by Books on Demand GmbH, Norderstedt / Germany